Joannes Calvinus
1509—1564.

BIBLIOGRAPHIA CALVINIANA.

CATALOGUS CHRONOLOGICUS
OPERUM CALVINI.

CATALOGUS SYSTEMATICUS
OPERUM QUAE SUNT
DE CALVINO

CUM
INDICE AUCTORUM ALPHABETICO.

EDIDIT

D. ALFREDUS ERICHSON.

WIPF & STOCK · Eugene, Oregon

Wipf and Stock Publishers
199 W 8th Ave, Suite 3
Eugene, OR 97401

Bibliographia Calviniana
Catalogus Chronologicus Operum Calvini.
Catalogus Systematicus Operum Quae Sunt de Calvino
cum Indice Auctorum Alphabetico
By Erichson, D. Alfredus
ISBN 13: 978-1-60608-499-1
Publication date 2/26/2009
Previously published by C. A. Schwetschke et Filium, 1900

MEMORIAE
GUILELMI BAUM EDUARDI CUNITZ
EDUARDI REUSS

VIRORUM DE CALVINO OPTIME MERITORUM

S.

CATALOGUS OPERUM
CALVINI
CHRONOLOGICUS.

Indicatur primum, quo loco editionis Operum Calvini Brunsvigensis quisque liber descriptus vel eius mentio facta sit, deinde ubi textum reperias.
Asterisco eos libros notamus, qui maxima ex parte ab ipsis eiusdem editionis autoribus, Guilelmo Baum, Eduardo Cunitz, Eduardo Reuss summa industria nec sine magnis impensis collecti nunc in Bibliotheca Universitatis Argentinensis asservantur.

1532
* L. Annaei Senecae libri de Clementia cum commentario. Paris., Cyaneus. *4.*
Tom. V. Proll. p. XXXII. Textus p. 1-162.

1535
* Préfaces de la Bible d'Olivetan.
Tom. IX. Proll. p. LXII. Texte p. 787-790.

1536
* Institutio religionis christianae. Basil., Platter et Lasius. *8.*
Tom. I. Proll. p. XXX. Textus p. 1-252.

1537
* Epistolae duae de rebus hoc saeculo cognitu necessariis. Basil., Lasius et Platter. *4.*
Tom. V. Proll. p. XXXVIII. Textus p. 233-312.
Articles concernant l'organisation de l'Eglise.
Ex Mss. Tom. X. Pars I. p. 5.
* Instruction et confession de foy dont on use en l'église de Genève. *8 min.*
Tom. XXII. Proll. p. 5. Texte p. 25-74.

1538

* Catechismus sive christianae religionis institutio. Basil., [*Winter*] *8 min.*
    Tom. V. Proll. p. XLI. Textus p. 313-362.

1539

* Institutio religionis christianae. Argent., Rihelius. *fol.*
    Tom. I. Proll. p. XXXII. Textus p. 253 ss.
* Idem liber, Alcuini nomen in titulo gerens.
    Tom. I. Proll. p. XXXIII.

* Sadoleti epistola ad Genevenses. Calvini responsio. Arg., Rihelius. *8 min.*
    Tom. V. Proll. p. XLIV. Textus p. 365-416.

1540

* Responsio ad Sadoleti epistolam. Gen., Sylvius. *8 min.*
    Tom. V. Proll. p. XLVI.
* Response à l'épistre de Sadolet. Gen., du Bois. *8 min.*
    Tom. V. Proll. p. XLVI.
* Commentarii in epistolam Pauli ad Romanos. Arg., Rihelius. *8.*
    Tom. XLIX. Proll. p. V. Textus p. 1-296.

1541

* Institution de la religion chrestienne. *s. l. 8.*
    Tom. III. Proll. p. XIV. cf. p. XXVIII.
    Texte Tom. III. IV.

Epistre au Roy de France en laquelle sont demonstrees les causes dont procedent les troubles ...
    Tom. III. Proll. p. XXIX.

Petit traicté de la S. Cene. Gen., Du Bois. *8 min.*
    Tom. V. Proll. p. XLIX. Texte p. 429-460.

Eusebii Pamphili explicatio consilii Pauli III. [*Arg., Rihelius*] *8 min.*
    Tom. V. Proll. p. LII. Textus p. 461-508.

Concilium papae. Ein seer väterlicher rathschlag des Römischen bischoffs Pauli des dritten, keyserlicher Maiestät in Niederland, durch den Cardinal Förnesium, des Bapts vettern, für die Lutherischen überantwort. Dabey ein Gotfälige und heilsame Ausslegung genants Rhatschlags, durch Eusebium Pamphili. *12.*

Actes de la iournée imperiale de Ratisbonne [*Gen., Girard*] *8 min.*
Tom. V. Proll. p. LV. Textus p. 509-684.

Projet d'ordonnances ecclesiastiques.
Ex Mss. Tom. X. Pars I. p. 15.

1542

Psychopannychia. Vivere apud Christum . . . Arg., Rihelius. *8 min.*
Tom. V. Proll. p. XXXIV ss. Textus p. 165-232.
cf. Tom. X. Pars II. p. 38.

Petit traicté de la S. Cene. *s. l. 8 min.*
Tom. V. Proll. p. L.

Catéchisme de l'église de Genève.
Tom. VI. Proll. p. IX.

La manyere de faire prieres aux eglises francoises tant devant la predication comme apres . . . Imprimé à Rome [*Strasbourg*] par le commandement du pape par Theodore Brusz. *8 min.*
Tom. VI. Proll. p. XV.

La forme des prieres et chants ecclesiastiques. Gen., Girard. *8 min.*
Tom. VI. Proll. p. XV. Texte p. 161-210.

* Exposition sur l'épistre de S. Iude. *8 min.*
Tom. XLIX. Proll. p. V. Texte Tom. LV. p. 501-516.

1543

* Institutio religionis christianae. Arg., Rihelius. *fol.*
  Tom. I. Proll. p. XXXIV. Textus p. 253 ss.
* Defensio doctrinae de servitute arbitrii contra Pighium. Gen., Gerardus. *4.*
  Tom. VI. Proll. p. XXIII. Textus p. 225-404.
* Traicté des Reliques. Gen., Girard. *8 min.*
  Tom. VI. Proll. p. XXV. Texte p. 405-452.
* Supplex exhortatio ad Caesarem. [*Gen.*, *Bourgeois*] *4 min.*
  Tom. VI. Proll. p. XXVIII. Textus p. 453-534.

Petit traicté monstrant que doit faire un homme fidele entre les papistes. *s. l. 16.*
  Tom. VI. Proll. p. XXXII. Texte p. 537-588.

Comment Jesus Christ est la fin de la loy. *s. l. 16.*
  Tom. IX. Proll. p. LXIII. Texte p. 791 ss.

Préface des lettres de Farel et Caroli. Gen., Girard. *16.*
  Tom. IX. Proll. p. LXV. Texte p. 839.

1544

Epinicion Christo cantatum. Gen., Gerardus. *4 min.*
  Tom. V. Proll. p. XLVII. Textus p. 417-428.

Traicté des Reliques. Gen., Girard. *8 min.*
  Tom. VI. Proll. p. XXVI.

Supplication sur le faict de la Chrestienté. *s. l. 8 min.*
  Tom. VI. Proll. p. XXIX.

Excuse à Messieurs les Nicodemites. [*Gen.*, *Girard*] *16.*
  Tom. VI. Proll. p. XXXII. Texte p. 589-614.

* Articuli facultatis Parisiensis cum antidoto. [*Gen.*] *8 min.*
  Tom. VII. Proll. p. IX. Textus p. 1-44.

Les Articles de la faculté de Paris avec le remède. [*Gen.*] *8. min.*
  Tom. VII. Proll. p. XVI.

Brieve instruction contre les Anabaptistes. Gen., Girard. *8 min.*
> *Tom. VII. Proll. p. XVII. Texte p. 45-142.*

1545

* Institutio religionis christianae. Arg., Rihelius. *fol.*
> *Tom. I. Proll. p. XXXV.*

* Institution de la religion chrestienne. Gen., Girard. *8.*
> *Tom. III. Proll. p. XXX.*

Catéchisme de l'église de Genève. Gen., Girard. *8 min.*
> *Tom. VI. Proll. p. X. Texte p. 1-160.*

* Catechismus ecclesiae Genevensis. Arg., Rihelius. *8 min.*
> *Tom. VI. Proll. p. XIII. Textus p. 1-160.*

Catechismo cio e formulario per ammaestrare i fianciulli ne la religione christiana, fatto in modo di dialogo, dove il ministro della chiesa domanda è il fanciullo risponde. [*Gen.*] *8.*

Forme des prieres et chants ecclesiastiques. Strasb., Knobloch. *8 min.*
> *Tom. VI. Proll. p. XV.*

* Psychopannychia. Arg., Rihelius. *8 min.*
> *Tom. V. Proll. p. XXXVII.*

Petit traicté de la S. Cene. *16.*
> *Tom. V. Proll. p. LI.*

Libellus de coena Domini. Gen., Gerardus. *8 min.*
> *Tom. V. Proll. p. LI.*

Petit traicté monstrant que doit faire un homme fidele quand il est entre les papistes. Gen. *8 min.*

Brieve instruction contre les Anabaptistes. Gen., Girard. *8 min.*
> *Tom. VII. Proll. p. XXIV.*

Contre la secte phantastique des Libertins. Gen., Girard. *8 min.*
> *Tom. VII. Proll. p. XVII. Texte p. 145-252.*

* Admonitio Pauli III ad Caesarem cum scholiis. *s. l. 8.*
Tom. VII. Proll. p. XXVIII. Textus p. 253-288.

* Pro Farello adversus Petri Caroli calumnias. Gen., Gerardus. *8.*
Tom. VII. Proll. p. XXX. Textus p. 289-340.

Projet d'Ordonnance sur les mariages.
Ex Mss. Tom. X. Pars I. p. 33.

Exposition sur les deux épistres de S. Pierre et l'ép. de S. Jude, trad. de latin. Gen., Girard. *8.*

1546

Translatio bohemica libelli: Supplex exhortatio ad Caesarem de necessitate reformandae ecclesiae. 1543. Nürnberg, Gutknecht *4.*

Iana Kalwina kazatele Genewenskeho, dwie Episstoly o wiecech tohoto czasu znati velmi potrèbnych. Bazylii. *4.*
(*Transl. bohemica libelli: Epistolae duae de rebus hoc saeculo cognitu necessariis. 1537.*)

* Brevis instructio contra Anabaptistas et Libertinos. Arg., Rihelius. *8 min.*
Tom. VII. Proll. p. XXV.

Préface de la Somme de Mélanchthon. Gen., Girard. *8 min.*
Tom. IX. Proll. p. LXVII Texte p. 847.

Projet d'un Ordre de visitation des églises de la campagne.
Ex Mss. Tom. X. Pars I. p. 45.

Projet d'Ordonnance sur les noms de baptesme.
Ex Mss. Tom. X. Pars I. p. 49.

Deux sermons faictz en la ville de Geneve en Nov. 1545. Gen., Girard. *8 min.*
Tom. XXXII. Proll. p. 449. Texte p. 455-480.

Commentarii in priorem epistolam Pauli ad Corinthios. Arg., Rihelius. *8.*
Tom. XLIX. Proll. p. V. Textus p. 293-574.

1547

Catechismus ecclesiae Genevensis, hoc est formula erudiendi pueros in doctrina Christi. Aug. Vind. apud Philippum Ulhardum. *8 min.*
Tom. VI. Proll. p. XIII.

*Forme des prieres ecclesiastiques. [Gen., Girard] *16.*
Tom. VI. Proll. p. XVI.

Contre la secte phantastique des Libertins avec une epistre contre un Cordelier de Roan. *8 min.*
Tom. VII. Proll. p. XXV. Texte de l'ép. p. 341-364.

* Acta Synodi Tridentinae cum Antidoto. Gen. *8 min.*
Tom VII. Proll. p. XXXIV. Textus p. 365-506.

Ordonnance sur la police des églises de campagne.
Ex Mss. Tom. X. Pars I. p. 51.

Commentaire sur la première épistre aux Corinthiens. Gen., Girard. *8.*
Tom. XLIX. Proll. p. VI.

Commentaire sur la seconde épistre aux Corinthiens. Gen., Girard. *8.*
Tom. XLIX. Proll. p. VII.

1548

* Catéchisme de l'église de Genève. Gen., Girard. *16.*
Tom. VI. Proll. p. X.

* Admonitio de Reliquiis. Gen., Gerardus. *8 min.*
Tom. VI. Proll. p. XXVII.

Les Actes du Concile de Trente. Gen. *8 min.*
Tom. VII. Proll. p. XXXV.

Supplex exhortatio ad Caesarem. *8.*

* Apologia Iacobi a Burgundia. *s. l. 4.*
Tom. X. Pars I. Proll. p. XI. Textus p. 269-294.

The mynde of the godly and excellent lerned man John Calvyne, what a faithful man, whiche is instructed in the worde of God ought to do dwellinge amongst the Papistes. Transl. by R. G. Ippyswich, J. Oswen. *12.*

A brief declaration of the fained sacrament. Transl. out of the latine by W. B. Ippyswich. *12*.

Two epistles, one of H. Bullinger, another of J. Calwyne whether it be lawful for a chrysten man to be partaker of the masse of the papysts. Transl. by Brooke. Lond., Houghton. *8*.

* Commentarii in secundam Pauli epistolam ad Corinthios. Gen., Gerardus. *4 min.*
 Tom. XLIX. Proll. VII. Textus Tom. L. p. 1-156.

* Commentarii in quatuor Pauli epistolas, ad Galatas, Ephesios, Philippenses, Colossenses. Gen., Gerardus. *8*.
 Tom. XLIX. Proll. p. VII. Textus Tom. L. p. 157-268. Tom. LI. p. 137-240. Tom. LII. p. 1-132.

Commentaire sur quatre épistres de S. Paul. Gen., Girard. *8*.
 Tom. XLIX. Proll. p. VII.

* Commentarii in utramque Pauli epistolam ad Timotheum. Gen., Gerardus. *8*.
 Tom. XLIX. Proll. p. VII. Textus Tom. LII. p. 241-396.

Commentaire sur les deux épistres de S. Paul à Timothee traduites du latin. Gen., Girard. *8*.
 Tom. XLIX. Proll. p. VII.

1549

Le Catechisme de Geneve: c'est à dire le formulaire d'instruire les enfans en la Chrestienté, fait en maniere de dialogue, où le Ministre interrogue et l'Enfant respond ... Gen., Girard. *8*.

Petit traicté de la S. Cene. *s. l. 8 min.*
 Tom. V. Proll. p. LI.

* De vitandis superstitionibus. Gen., Gerardus. *4*.
 Tom. VI. Proll. p. XXX.

Advertissement contre l'Astrologie judiciaire. Gen., Girard. *4.*
Tom. VII. Proll. p. XXXVII. Texte p. 509-544.
* Admonitio adversus Astrologiam iudiciariam. Gen., Gerardus. *4.*
Tom. VII. Proll. p. XXXVIII.
An admonition against astrology judiciall and other curiosities. Transl. by G. Gilby. Lond. *8.*
* Interim adultero-germanum. [*Gen.*] *8 min.*
Tom. VII. Proll. p. XL. Textus p. 545-674.
* Interim adultero-germanum. [*Gen.*] *8 min.* [*Editio alia*]
Tom. VII. Proll. XLI.
* Interim adultero-germanum. *s. l. 8 min.* [*Editio spuria*]
Tom. VII. (Proll. ibid.)
Excuse tot de Nicodemijten. Amst. *4.*
L'Interim avec la vraye façon de reformer l'eglise. [*Gen.*] *8 min.*
Tom. VII. Proll. p. XLIII.
Of the life or conversation of a christen man. Transl. by Thomas Brooke. Lond., Daye and Seres. *8.*
* A short instruction for to arme all good christian people against the pestiferous errors of the common secte of the Anabaptistes. Lond., Daye. *12.*
Commentaire sur l'épistre de S. Paul à Tite. Gen., Girard. *8.*
* Commentarii in ep. ad Hebraeos. Gen., Gerardus. *8.*
Tom. XLIX. Proll. p. VII. Textus LV. p. 1-198.
* Commentaire sur l'épistre aux Ebrieux. Gen., Girard. *8.*
Tom. XLIX. Proll. p. VII.

1550

* Institutio religionis christianae. Gen., Gerardus. *fol. min.*
Tom. I. Proll. p. XXXVI. Textus p. 253 ss.
* Epistolae duae de rebus hoc seculo cognitu necessariis. Gen. *8.*
Tom. V. Proll. p. XL.

Catechismus ecclesiae Genevensis. Gen., Crispinus. *8 min.*
Tom. VI. Proll. p. XIII·

Catechisme and the fourme of common prayers. Lond., Whitchurch. *8.*

Catechismo a saber es formulario para instruyr los mochachos en la Christianda: Hecho a manera de Dialogo, donde el Ministro de la Yglesia pregunta y el mochacho responde. Transladado de Frances en Español. Eph. 2. El fundamento de la Yglesia es la doctrina de los prophetas y apostolos. [*Gen.*] *8.*

* De vitandis superstitionibus. Gen., Gerardus. *4.*
Tom. VI. Proll. p. XXXIII.

* Appendix libelli adversus Interim. *s. l. 8.*
Tom. VII. Proll. p. XLII. Textus p. 675-686.

De Scandalis. Gen., Crispinus. *4.*
Tom. VIII. Proll. p. IX. Textus p. 1-84.

Des Scandales. Gen., Crespin. *4.*
Tom. VIII. Proll. p. X.

De praedestinatione et providentia Dei. Gen., Crispinus. *8 min.*
Tom. VIII. Proll. p. XII. Textus Tom. I. p. 861-902.

De libertate christiana. Gen., Crispinus. *8 min.*
Tom. VIII. Proll. p. XIV. Textus Tom. I. p. 829-840.

* De vita hominis christiani. Gen., Crispinus. *8 min.*
Tom. VIII. Proll. p. XIV. Textus Tom. I. p. 1123-1152.

Traicté tres excellent de la vie Chrestienne, qui ici est comme une Instruction et Formulaire à tous ceulx qui font profession de Chrestienté pour reigler leur vie . . . Gen., Crespin et Badius. *8.*

Praefatio in libellum de Francisco Spiera. Gen., Gerardus. *16.*
Tom. IX. Proll. p. LXX. Textus p. 855.

Un exemple notable et digne de memoire d'un homme desesperé pour avoir renoncé la verité de l'Evangile, avec la preface de Jean Calvin. Gen., Girard. *8.*

An epistle showing how tumults may be avoided. *8.*

An epistle of consolation to Edwarde, duke of Somerset. Transl. out of french by the same duke. Lond. *8.*

* Commentaire sur l'épistre aux Romains. Gen., Girard. *8.*
Tom. XLIX. p. VII.

Commentarii in epistolas ad Thessalonicences.
Tom. XLIX. Proll. p. VIII.

Commentarius in epistolam ad Titum.
Tom. XLIX. Proll. p. VIII.

Commentaire sur l'épistre de Jacques. Gen., Girard. *8 min.*
Tom. XLIX. Proll. p. VIII.

1551

* Institution de la religion chrestienne. Gen., Girard. *fol.*
Tom. III. Proll. p. XXXIV.

Catechismus ecclesiae Genevensis, hoc est erudiendi pueros in doctrina Christi. Gen., Crispinus. *8 min.*
Tom. VI. Proll. p. XIII.

Στοιχείωσις τῆς Χριστιανῶν πίστεως. — Rudimenta fidei christianae. Libellus apprime utilis nunc primum in lucem editus παρὰ Ῥωβέρτῳ Στεφάνῳ, ἔτει ἀφνά. *16.*

Catechismo cio è formulario per ammaestrare i fanciulli nella religione christiana . . . Composto in latino e francese per Giovanni Calvino e tradotto fedelmente in italiano per G. Domenico Gallo, Caramagnese. [*Gen.*] Adam. et Giov. Riveriz frategli. *8.*

Traité des Reliques.
Tom. VI. Proll. p. XXVI.

Traicté de l'homme fidele et l'Excuse aux Nicodemites. *s. l. 16.*
Tom. VI. Proll. p. XXXIII.

Libro del fuggir le superstitioni le quali contrastano con la sincera confession della fide. Basil. *4.*

Consensio mutua in re sacramentaria. Gen., Crispinus. *8 min.*
  Tom. VII. Proll. p. LII. Textus p. 689-748.

Consensio mutua in re sacramentaria. Tiguri, Vuissenbachius. *8 min.*
  Tom. VII. Proll. p. LII.

L'accord passé et conclud touchant la matiere des sacremens. Gen., Crespin. *8 min.*
  Tom. VII. Proll. p. LIV.

Einhelligkeit der Dienern der Kilchen zu Zürich und Joan. Calvini zu Genff. Zürich, Wyssenbach. *8.*

* De Scandalis. Gen., Crispinus. *8 min.*
  Tom. VIII. Proll. p. X.

* Des Scandales. Gen., Crespin. *16.*
  Tom. VIII. Proll. p. XI.

* Exposition sur l'Oraison de Jesus Christ. Gen. *8 min.*
Proll. Tom. VIII. p. XVI. Texte Tom. III. p. 424-450.

* Préface de la Somme de Mélanchthon. Gen., Cresp. *8 min.*
  Tom. IX. Proll. p. LXVIII.

Ordonnance sur les juremens et blasphemes.
  Ex Mss. Tom. X. Pars I. p. 59.

* Commentarii in Isaiam prophetam. Gen., Crispinus. *fol.*
  Tom. XXXVI. Proll. p. 7.

* Commentarii in omnes Pauli epistolas atque etiam in epistolam ad Hebraeos. Gen., Gerardus. *fol.*
  Tom. XLIX. Proll. p. VIII.

* Commentarii in epistolas canonicas. Gen., Crispinus. *fol.*
  Tom. XLIX. Proll. p. VIII.

Commentaire sur l'épistre canonique de S. Jean. Gen., Girard. *8.*

Commentaire sur la première et seconde épistre de
S. Pierre Apostre. Gen., Girard. *8.*

Commentaire sur l'épistre de S. Jacques. Gen., Girard. *8.*

Commentaire sur l'épistre canonique de S. Jude. Gen.,
Girard. *8.*

1552

* Opuscula in unum volumen collecta. Gen., Gerardus. *fol.*
Tom. V. Proll. p. IX.

Le catéchisme de Genève. Londres. *16.*
Tom. VI. Proll. p. XI.

La forme des prieres ecclesiastiques avec la maniere
d'administrer les sacremens. *16.*

Formula sacramentorum administrandorum. Gen., Crispinus. *8 min.*
Tom. VI. Proll. p. XVII.

Disputatio de cognitione hominis. Gen., Crispinus. *8 min.*
Proll. Tom. VIII. p. XVI. Textus Tom. I. p. 305-372.

* De aeterna Dei praedestinatione. Gen., Crispinus. *8 min.*
Tom. VIII. Proll. p. XXII. Textus p. 249-366.

De la predestination eternelle. [*Gen., Crespin*] *8 min.*
Tom. VIII. Proll. p. XXIV.

Consensio in re sacramentaria inter J. Calvinum et
ministros ecclesiae Tigurinae. Lond. *8.*

Quatre sermons avec exposition du Pseaume 87. Gen.,
Estienne. *8 min.*
Tom. VIII. Proll. p. XXV. Texte p. 369-452.

* Commentaires sur le prophète Isaie. Gen., Adam et
Jean Riveriz. *4.*
Tom. XXXVI. Proll. p. 7.

* Commentariorum in Acta Apostolorum liber I. Gen.,
Crispinus. *fol.*
Tom. XLVIII. Proll. p. IV.

* Le premier livre des Commentaires sur les Actes des Apostres. Gen., Hamelin. *4.*

Tom. XLVIII. Proll. p. IV.

Sermons sur l'épistre aux Galatiens. Gen. *4.*

1553

* Institutio religionis christianae. [*Gen.*] Stephanus. *fol.*

Tom. I. Proll. p. XXXVIII.

* Institution de la religion chrestienne. Gen., Girard. *8.*

Tom. III. Proll. p. XXXV.

Catechisme, c'est à dire le formulaire d'instruire les enfans. Gen., Estienne. *8 min.*

Tom. VI. Proll. p. XI.

* Catechismus [*in calce Institutionis supra laudatae*].

La Forme des prieres Ecclesiastiques: avec la maniere d'administrer les sacremens, et celebrer le Mariage, et la visitation des malades. [*Gen.*] *8 min.*

Del fuggir le superstitioni che repugnano a la vera e sincera confession della fide. *8 min.*

Certaine homilies conteining admonition for this time . . . Imprinted at Rome [*Gen.*]. *8.*

* Homiliae quatuor et Explanatio Ps. 87. Gen., Crispinus. *8 min.*

Tom. VIII. Proll. p. XXV.

* Commentarius in evang. Ioannis. [*Gen.*] Stephanus. *fol.*

Tom. XLVII. Proll. p. III.

Commentaire sur l'évangile selon S. Jean. [*Gen., Girard*] *8.*

Tom. XLVII. Proll. p. III.

1554

* Institutio religionis christianae. Gen., Riverii fratres. *8.*

Tom. I. Proll. p. XXXVIII.

Institutio religionis christianae. *8 min.*

Tom. I. Proll. p. XXXVIII.

* Institution de la religion chrestienne. [*Gen.*] Hamelin. *8.*
Tom. III. Proll. p. XXXVI.

* Catechismus [*in calce Institutionis supra laudatae*].
Catechismus . . Col. Agr., Ossenbrug. *8.*

Catechismus hebraice . . ex versione Imm. Tremellii.
[*Gen.*] Stephanus. *16.*

Catechismus graece. Gen., Stephanus.

Le catéchisme latin-français. Gen. *12.*
Tom. VI. Proll. p. XI.

Van dat schuwen der afgoderie valschen Godsdienst ende gheveynstheyt. Excuse to miyn Heeren die Nicodemiten. [*Antw.*] *4.*

* Defensio orthodoxae fidei de trinitate. [*Gen.*] Stephanus. *4.*
Tom. VIII. Proll. p. XXVII. Textus p. 453-644.

Declaration pour maintenir la vraye foy de la Trinité. Gen., Crespin. *8 min.*
Tom. VIII. Proll. p. XXXIII.

* Commentarius in Genesin. [*Gen.*] Stephanus. *fol.*
Tom. XXIII. Proll. p. XVII. Textus p. 1-622.

* Commentaire sur le premier livre de Moïse. Gen., Girard. *4.*
Tom. XXIII. Proll. p. XVII.

Vingt deux sermons sur le Pseaume cent dix neufieme. [*Gen., Bourgeois*] *8.*
Tom. XXXII. Proll. p. 451. Texte p. 481-752.

* Commentariorum in Acta Apostolorum liber posterior. Gen., Crispinus. *fol.*
Tom. XLVIII. Proll. p. IV.

Le second livre des Commentaires sur les Actes des Apostres. Gen., Hamelin. *4.*
Tom. XLVIII. Proll. p. IV.

* Commentarii in epistolas canonicas. Gen., Crispinus. *fol.*
Tom. XLIX. Proll. p. VIII.

1555

Chant de victoire chanté à Jésus Christ. Gen., Badius. *4.*
Tom. V. Proll. p. XLVII.

* Defensio sanae et orthodoxae doctrinae de sacramentis. [*Gen.*] Stephanus. *4.*
Tom. IX. Proll. IX. Textus p. 1-40.

* Defensio sanae et orthodoxae doctrinae de sacramentis. Tig., Froschoverus. *8 min.*
Tom. IX. Proll. p. XV.

Brieve resolution sur les disputes qui ont esté de nostre temps quant aux sacrements . . . [*Gen.*] *16.*

Responsio ad Laelii Socini quaestiones.
Ex Mss. Tom. X. Pars I. p. 160.

Six sermons à scavoir quatre exhortatifs et deux où il est traicté du seul Moyenneur. [*Gen.*] J. Poullain. *24.*
Tom. XLIX. Proll. p. IX.

Deux sermons prins de la premiere epistre à Timothee au second chapitre.
Tom. XLIX. Proll. p. IX.

Two godly and notable sermons. (2. Tim. 1,8-10) Transl. out of french. Lond., Seres. *12.*

* Harmonia ex tribus evangelistis composita, adiuncto seorsum Ioanne. Gen., Stephanus. *fol.*
Tom. XLV. Proll. p. III. Textus ibid. et Tom. XLVII.

* Concordance qu'on appelle Harmonie composee de trois Evangelistes . . . Item l'Evangile selon S. Jean. [*Gen.*] Badius. *fol.*
Tom. XLV. Proll. p. IV.

1556

Catechismus oder Fragstucken Jo. Calvini der Christlichen Jugend vast nützlich . . . Basel by Jac. Kündig durch Jac. Derbilly. *8.*

The Catechisme or manner to teach children the christian religion. Gen., Crespin. *8.*

Ratio et forma publice orandi Deum atque administrandi sacramenta in Anglorum ecclesia, quae Genevae colligitur, recepta, cum iudicio Calvini. Gen., Crispinus. 8.

* Secunda defensio piae et orthodoxae de sacramentis fidei contra Westphali calumnias. [*Gen.*] Crispinus. 8.

Tom. IX. Proll. p. XVII. Textus p. 41-120.

Reformation contre Ant. Cathelan.

Tom. IX. Proll. p. XXIV. Texte p. 121-136.

Contra Mennonem.

Tom. X. Pars I. p. 167.

* Homiliae sive Conciones VII. [*Gen.*] Crispinus. 12.

Tom. XXXII. p. 454.

* Commentarii in omnes Pauli epistolas atque in ep. ad Hebraeos, item in canonicas. [*Gen.*] Stephanus. *fol.*

Tom. XLIX. p. IX. Textus ibid. et L-LII. LV.

* Commentaires sur les épistres Canoniques. [*Gen.*] Badius. *fol.*

Tom. XLIX. Proll. p. IX.

1557

* Institution de la religion chrestienne. [*Gen.*] Iaquy, Davodeau et Bourgeois. 8.

Tom. IV. Proll. p. VII.

* Institutione della religione christiana ... in volgare italiano tradotta per Giulio Cesare P(ascali). Gen., Burgese, Davodeo et Iacchi. 8.

Catechismus graecus.

Zween Sendbrief Johannis Calvini. Der Erst, das die Unzimlichen und verbottenen Messen und Opffer der Gottlosen zu fliehen und zu meiden, und die rainigkeit christlicher Religion zu halten und zu bewaren sey. Der ander, wie sich ein Christen Mensch inn verwaltung oder verlassung und hinlegung des Priesterlichen Ampts und Stands inn der Papistischen Kirche halten soll. Durch Johann Lenglin Diener der Kirchen Christi zu Strassburg vertolmetscht. Neuburgi Danubii. *4.*

* Vermahnung von der Papisten Heiligthum . . verdeutscht durch Jac. Eysenberg. Wittenb., Rhawe Erben. *8.*

The epistle, declaring that Christ is the end of the lawe. *8.*

* Ultima admonitio ad Westphalum. [*Gen.*] Crisp. *8 min.*
 Tom. IX. Proll. p. XXIII. Textus p. 137-252.

* Brevis responsio ad diluendas nebulonis calumnias. [*Gen.*] Crispinus. *8 min.*
 Tom. IX. Proll. p. XXVI. Textus p. 253-266.

Préface de l'histoire de Spiera. Gen., Crespin. *4.*
 Tom. IX. Proll. p. LXXI.

Sermons sur les dix commandemens.
 Tom. XXV. Proll. p. 600.

* Commentarius in librum Psalmorum. [*Gen.*] Steph. *fol.*
 Tom. XXXI. Proll. p. 9. Textus p. 13-842,
 XXXII. p. 1-442.

Praelectiones in Hoseam prophetam. Gen., Badius. *4.*
 Tom. XLII. Proll. p. 189. Textus p. 197-514.

* Leçons sur le prophète Hosee. Gen., Badius. *8.*
 Tom. XLII. Proll. p. 191.

* Commentarii in Pauli epistolas atque etiam in ep. ad Hebraeos. [*Gen.*] Crispinus. *fol.*
 Tom. XLIX. Proll. p. X.

* Commentaire sur les épistres de l'apostre St. Paul et aussi sur l'ép. aux Hébreux, item sur les épistres Canoniques. Gen., Badius. *fol.*
 Tom. XLIX. Proll. p. IX.

1558

Psychopannychie. Gen., Badius. *8 min.*
 Tom. V. Proll. p. XXXVIII.

* Calumniae nebulonis cuiusdam cum responsione. Gen., Badius. *8.*
 Tom. IX. Proll. p. XXVI. Textus p. 269-318.

Responsum ad quaestiones Blandratae.
Ex Mss. Tom. IX. Proll. p. XXXI. Textus p. 321-332.
Catechisme et forme des prieres ecclesiastiques. *16.*
Von der Papisten Heiligthumb gründtlicher und kurzer Underricht . . . verteutscht durch Jac. Eysenberg. Pforzheim, Rabe. *8.*
Le livre des Pseaumes. [*Gen.*] Badius. *fol.*
Tom. XXXI. Proll. p. 9.
Plusieurs sermons touchant la divinité, humanité et nativité de nostre Seigneur Iesus Christ . . . [*Gen.*] Badius. *8.*
Tom. XXXV. Proll. p. 581. Texte p. 595-688.
Sermons sur le 10ᵉ et 11ᵉ chapitre de la premiere épistre aux Corinthiens. [*Gen.*] Badius. *8.*
Tom. XLIX. Proll. p. X. Texte p. 577-830.

1559

* Institutio religionis christianae. Gen., Stephanus. *fol.*
Tom. I. Proll. p. XXXIX. Textus Tom. II.
* Institution de la religion chrestienne. Gen. *8.*
* La Bible avec le Catéchisme et la forme des prières. Gen., Barbier et Courteau. *8.*
Tom. VI. Proll. p. XI.
* Catecismo que significa forma de instrucion: que contiene los principios de la religion de Dios, util y necessario, para todo fiel Christiano. Compuesto en manera de dialogo, donde pregunta el maestro, y responde el discipulo . . . [*Gen., Crespin*] *8.*
* Von dem heiligthumb Joannis Calvini Vermanung in welcher angezeigt wirt, wie es zu gemeinem nutz gantzer Christenheit sogar dienstlich were daz der abgescheidnen Heiligen leychnam, und uberbliben Gebein, alle zusamen in ein ordenlich Register verzeichnet wurden. Mülhusen im oberen Elsass, Peter Schmid. *8.* *Tom. VI. Proll. p. XXVII.*

* L'Interim, c. à. d. provision faicte sur les differens de la Religion en quelques villes et pais d'Allemagne. Avec la vraye façon de reformer l'Eglise chrestienne et appointer les differens qui sont en icelle. *s. l. 8 min.*

Deux traictez touchant la réformation de l'Eglise Chrestienne et le vray moyen d'appointer les différens qui sont en icelle. [*Gen.*] Ant. Rebul. *12.*

Leges Academiae Genevensis. Gen., Stephanus. *4.*
    Tom. X. Pars I. Proll. p. X. Textus p. 65-90.

L'ordre du Collège de Genève. Gen., Estienne. *4.*
    Tom. X. Pars I. Proll. p. X. Texte p. 65-90.

Sermons sur les dix commandemens.
    Tom. XXV. Proll. p. 600.

Responses aux argumens et calomnies d'un qui s'efforce de renverser la doctrine de la providence secrete de Dieu. Gen., Badius.

* Exhortation au martyre, assavoir, à constamment mourir pour le tesmoignage de la verité de l'Evangile (par Guilio Milanese). Préface de M. Jean Calvin. *s. l.* Jacq. Berthet. *8 min.*

* Commentarii in Isaiam prophetam. Gen., Crispinus. *fol.*
    Tom. XXXVI. Proll. p. 8. Textus ibid. et XXXVII.

* Praelectiones in duodecim prophetas quos vocant minores. Gen., Crispinus. *fol.*
    Tom. XLII. Proll. p. 191.

* Concordance qu'on appelle Harmonie, composée de trois Evangelistes . . . Commentaires sur l'Evangile de Jean. Gen., Badius. *fol.*

1560

* Institution de la religion chrestienne. Gen., Cresp. *fol.*
    Tom. III. Proll. p. XXXVII. Texte Tom. III. IV.

Institucie ofte onderwijsinghe der christelicken religie. [*Emden*] *4.*

Eadem editio. Dordrecht, Verhaghen.

Catechismus ecclesiae Genevensis. Barbirius et Courteau. 8.

* Response aux calomnies de Pighius. Gen., Davodeau. 8.
Tom. VI. Proll. p. XXIV.

Des Scandales. Gen., Pinereul. *8 min.*
Tom. VIII. p. XII.

Responsum ad Polonos contra Stancarum.
Tom. IX. Proll. p. XXXIII. Textus p. 333-342.

Dix-huit sermons sur l'histoire de Melchisedech et la matiere de la justification . . . Gen., Bonnefoy. 8.
Tom. XXIII. Proll. p. 631. Texte p. 641-740.

* Leçons et expositions familieres sur les douze petits prophètes. Gen., Barbier et Courteau. *fol.*
Tom. XLII. Proll. p. 191.

Sermons upon the songe that Ezechias made. Lond., Day. 8.

Traité de la predestination eternelle de Dieu . . . Item treze sermons de l'election gratuite de Dieu en Jacob et de la rejection en Esau . . . Jean Durand. *12.*
Tom. LVIII. Supplementum. Proll. p. I.

Idem liber. [*Lyon*] Antoine Cercia. *12.*
Tom. LVIII. Supplementum. Proll. p. I.

* Harmonia ex tribus evangelistis adiuncto Ioanne. Gen., Stephanus. *fol.*
Tom. XLV. Proll. p. IV.

* Commentarii in Acta Apostolorum. [*Gen.*] Crispinus. *fol.*
Tom. XLVIII. Proll. p. IV. Textus p. 1-574.

* Commentariorum in Acta Apostolorum libri duo (*eadem editio ac praecedens, solo titulo mutato*). Crispinus. *fol.*
Tom. XLVIII. Proll. p. IV.

* Commentaires sur les Actes des apôtres. (*Praefatio 1560*) Gen. *8 maior.*

* Commentaires sur toutes les épistres de S. Paul ainsi que sur l'épistre aux Hebrieux, item sur les épistres Canoniques. Gen., Anastaise. *fol.*
> *Tom. XLIX. Proll. p. X.*

Commentaire sur les épistres Canoniques. Gen., Bonnefoy. *fol.*
> *Tom. XLIX. Proll. p. X.*

1561

* Institutio religionis christianae. Argent., Ribelius. *fol.*
> *Tom. I. Proll. p. XLII.*

* Institutio religionis christianae. Gen., Rebulius. *8.*
> *Tom. I. Proll. p. XLII.*

* Institution de la religion chrestienne. [Gen., *Badius*] *4.*
> *Tom. III. Proll. p. XXXVIII.*

* Institution de la religion chrestienne. Gen., Bourgeois. *8.*
> *Tom. III. Proll. p. XXXIX.*

* Institution of christian religion by T. N(orton). Lond., Wolfe and Harison. *fol.*

Catechismus latino-gallicus. Le catechisme latin-françois, c. à. d. le formulaire . . . Gen., Barbier et Courteau. *8 min.*
> *Tom. VI. Proll. p. XI.*

Traité de la Cène.

A very profitable treatise . . . declarynge what great profit might come to all christianity, yf there were a register made of all sainctes bodies and other reliques. Transl. by Stephan Wythers. Lond., Hall. *16.*

Foure godly sermons against the pollution of idolatries, comforting man in persecutions . . . Lond., Hall. *12.*

Il vero modo de la pacificatione christiana e de la riformatione de la chiesa . . . s. l. Fr. Durone. *12.*

Responsio ad Polonos de controversia mediatoris.
>*Ex Mss. Tom. IX. Proll. p. XXXIII.*
>*Textus p. 345-358.*

Impietas Val. Gentilis detecta. *s. l. 8 min.*
>*Tom. IX. Proll. p. XXXVII. Textus p. 361-420.*

Gratulatio ad Gabr. de Saconay. *s. l. 8 min.*
>*Tom. IX. Proll. p. XXXIX. Textus p. 421-456.*

* Dilucida expositio de vera participatione carnis et sanguinis Christi. Gen., Badius. *8.*
>*Tom. IX. Proll. p. XLI. Textus p. 457-524.*

Responsio ad versipellem mediatorem. [*Gen.*] Crisp. *8 min.*
>*Tom. IX. Proll. p. XLIII. Textus p. 525-560.*

Response à un cauteleux moyenneur. *8.*

Les Ordonnances ecclesiastiques de l'eglise de Geneve. Gen., Chauvin. *4.*
>*Tom. X. Pars I. Proll. p. IX. Texte p. 91-124.*

Pour les Evesques et curés de la Papauté.
>*Ex Mss. Tom. X. Pars I. p. 184.*

Trois sermons sur le sacrifice d'Abraham. [*Gen., Girard*] *8.*
>*Tom. XXIII. Proll. p. 631. Texte p. 741-784.*

* Commentaires sur le livre des Pseaumes.[*Gen.*] Badius. *fol.*
>*Tom. XXXI. Proll. p. 9.*

* Praelectiones in librum prophetiarum Danielis. Gen., Laonius. *fol.*
>*Tom. XL. Proll. p. 524.*

* Commentaires sur la concordance des trois Evangelistes. Item sur l'Evangile selon S. Jean et sur le second livre de S. Luc dict les Actes des Apostres. [*Gen.*] Badius. *8.*
>*Tom. XLV. Proll. p. IV.*

* Commentaires sur toutes les épistres de S. Paul et sur l'épistre aux Hebrieux, item sur les épistres Canoniques. Gen., Badius. *8.*
>*Tom. XLIX. Proll. p. XI.*

Sermons sur les épistres à Timothee et à Tite. Gen., Badius. *4.*

Tom. XLIX. Proll. p. XI.

1562

* Institution de la religion chrestienne. [*Gen.*] Badius. *4.*
Tom. III. Proll. p. XXXVIII. Tom. IV. Proll. p. VII.

Institution de le religion chrestienne. *s. l. 4.*

Tom. III. Proll. p. XL.

Institution de la religion chrestienne. *s. l. fol.*

Tom. III. Proll. p. XLI.

* Institution de la religion chrestienne. Gen., Bourgeois. *8.*

Tom. III. Proll. p. XLII.

Institution de la religion chrestienne. Caen. *fol.*

The institution of the christian religion by Norton. Lond., Harison. *fol.*

Le Catechisme c. à. d. le formulaire . . . Gen., Pinereul. *8.*

Catechisme et forme des prieres [*in calce Psalterii. Gen., Jacquy. 8*].

Tom. VI. Proll. p. XII.

Catechismus ecclesiae Genevensis. Lond., Halleus. *8.*

Congregation sur l'election eternelle de Dieu. Gen., Vinc. Brès. *16.*

Tom. VIII. Proll. p. XVII. Texte p. 85-140.

Treze sermons traitans de l'election gratuite de Dieu en Jacob et de la rejection en Esau. . . . Response à certaines calomnies et blasphemes. *16.*

Tom. LVIII. Suppl. Proll. 2. Texte p. 1-206.

Treatise, declarynge what great profit might come, yf there were a regestar of all sainctes bodies and reliques. Transl. by S. Wythers. Lond. *12.*

* Responsio ad Balduini convicia. Gen., Crispinus. *4.*

Tom. IX. Proll. p. XLIII. Textus p. 561-580.

Response à un Hollandois. Gen., Crespin. *8 min.*
> *Tom. IX. Proll. p. XLVII. Texte p. 581-628.*

Les Ordonnances ecclesiastiques. Gen., Chauvin. *4.*
> *Tom. X. Pars. I. Proll. p. X.*

Sermons sur le Deutéronome. Gen. *8.*

* Sermons sur les dix commandemens. Gen., Fr. Estienne. *8 min.*
> *Tom. XXV. Proll. p. 594. Texte Tom. XXVI.*
> *p. 235-432.*

Sermons sur les dix commandemens. *s. l. 8 min.*
> *Tom. XXV. Proll. p. 599.*

Sermons sur le Cantique du roi Ezechias. Gen., Fr. Estienne. *8 min.*
> *Tom. XXXV. Proll. 521. Texte p. 525-580.*

Three notable sermons made by the godly and famous Clerke Maister John Calvin upon the Ps. 46. Englished by W. Warde. Lond., Hall. *16.*

* Vingt-deux sermons sur le Ps. 119. Gen., Fr. Estienne Anastase. *8.*
> *Tom. XXXII. Proll. p. 453.*

Leçons sur le livre des prophéties de Daniel. Gen., J. de Laon. *fol.*
> *Tom. XL. p. 526.*

* Commentaires sur la Concordance ou Harmonie . . ., item sur l'Ev. de S. Jean. Gen., Bourgeois. *fol. min.*
> *Tom. XLV. Proll. p. IV.*

* Commentaires sur la Concordance ou Harmonie . ., item sur l'Ev. de S. Jean. *s. l. 8 maior.*
> *Tom. XLV. Proll. p. V.*

* Soixante cinq sermons sur l'Harmonie ou Concordance des trois Evangelistes S. Matthieu, S. Marc et S. Luc. Recueillis par Ragueneau. *s. l. 8.*
> *Tom. XLVI. Proll. IV. Texte p. 1-826.*

* Soixante cinq sermons sur l'Harmonie ou Concordance des trois Evangelistes. Gen., Badius. *8.*
  Tom. XLVI. Proll. p. VII.

* Commentaires sur les Actes des Apostres. *s. l. 8 maior.*
  Tom. XLVIII. Proll. IV.

* Commentaires sur les épistres de S. Paul et aussi sur l'ép. aux Hebrieux et les épistres Canoniques. [*Gen.*] Badius. *fol.*
  Tom. XLIX. Proll. p. XI.

* Commentaires sur les épistres Canoniques. Gen., Bonnefoy. *fol.*
  Tom. XLIX. Proll. XI.

* Sermons sur l'épistre aux Ephesiens. Gen., Pinereul. *8.*
  Tom. XLIX. Proll. p. XII. Texte Tom. LI. p. 241-862.

Sermons sur l'épistre aux Ephesiens. *s. l. 8.*

1563

* Institution de la religion chrestienne. Lion, Honorati. *4.*
  Tom. III. Proll. p. XLIII.

* Στοιχείωσις . . . Rudimenta fidei christianae gr. et lat. Gen., H. Stephanus. *16.*
  Tom. VI. Proll. p. XIII.

Catechisme et forme des prieres [*in calce Psalterii. Lyon. J. de Tournes. 4*].
  Tom. VI. p. XII.

Catechismus der Evangelischen Kirchen in Frankreich, gestellt in Frag und Antwort. Heydelberg, Mayer. *8.*

The Catechisme or maner to teache children christian religion . . Lond. *16.*

Opuscula. [*Gen.*] Barbirius et Courteau. *8.*
  Tom. V. Proll. p. XIII.

Traicté des Reliques. Gen., Crespin. *16.*
  Tom. VI. Proll. p. XXVI.

Brevis admonitio ad Polonos. Gen., Perrinus. *8.*
Tom. IX. Proll. p. XLVIII. Textus p. 629-638.

Epistola qua fidem admonitionis ad Polonos confirmat. Gen., Perrinus. *8.*
Tom. IX. Proll. p. L. Textus p. 641-650.

Epistola qua fidem admonitionis ab eo editae apud Polonos confirmat. Continetur tertia refutatio Gregorii Pauli de Trinitate. Bas. *8.*

Brevis admonitio Joannis Calvini ad fratres Polonos ne triplicem in Deo essentiam pro tribus personis imaginando tres sibi deos fabricent. Lege, vide, habes hic firmissimam refutationem Tabulae Gregorii Pauli Brzezinensis de Trinitate . . Cracoviae, ex offic. Virzbietae. *8.*

Praefatio ad Bezae librum contra Balduinum. *s. l. 16.*
Tom. IX. Proll. p. LXXI. Textus p. 859.

* Mosis libri quinque cum commentariis. Gen., Steph. *fol.*
Tom. XXIII. Proll. p. XVII. Textus
Tom. XXIII-XXV.

* Commentaires sur le livre des Pseaumes. [*Gen.*] Frç. Estienne. *fol.*
Tom. XXXI. Proll. p. 9.

* Sermons sur le livre de Job. Gen. *fol.*
Tom. XXXIII. Proll. p. 15. Texte ibid. et
Tom. XXXV.

* Plusieurs sermons touchant la divinité, humanité et nativité de nostre Seigneur Iesus Christ . . . Gen., Blanchier. *8.*
Tom. XXXV. Proll. p. 593.

* Praelectiones in librum prophetiarum Ieremiae et Lamentationes. Gen., Crispinus. *fol.*
Tom. XXXVII. Proll. p. 463. Textus ibid. et
Tom. XXXVIII. XXXIX.

Leçons et expositions familieres sur les douze petis prophètes. Lion, Honorati. *fol.*
Tom. XLII. Proll. p. 193.

* Commentaires sur la Concordance des Evangiles, l'Evangile selon S. Jean et les Actes des Apostres. [*Gen.*] Blanchier. *fol.*
Tom. XLV. Proll. p. V.

* Harmonia ex tribus Evangelistis, adiuncto Ioanne. [*Gen.*] Barbirius et Courteau. *8.*
Tom. XLV. Proll. p. V.

* Commentaires sur le second livre de S. Luc, dit les Actes des Apostres. Lyon. *8 min.*

Commentaires sur les épistres de S. Paul et les épistres Canoniques. Lion, Honorati. *fol.*
Tom. XLIX. Proll. p. XVIII.

Sermons sur le 10ᵉ et 11ᵉ chap. de la première épistre aux Corinthiens. Gen., Blanchier. *8.*
Tom. XLIX. Proll. p. XIII. Texte p. 577-830.

* Sermons sur l'épistre aux Galatiens. Gen., Frç. Perrin. *8.*
Tom. XLIX. Proll. p. XV. Texte Tom. L. p. 269-696.
Tom. LI. p. 1-136.

Deux congregations du second chapitre de l'épistre aux Galatiens. *s. l.* Blanchier. *8.*

* Sermons sur les deux épistres à Timothee et sur l'épistre à Tite. Gen., Bonnefoy. *4.*
Tom. XLIX. Proll. p. XVI. Texte Tom. LIII. LIV.

1564

* Institution de la religion chrestienne. Gen., Courteau. *8.*
Tom. III. Proll. p. XLIII.

The Catechisme or maner to teach children the christian religion. Edinb., Lekprivik. *8.*

Confession de foy pour présenter à l'Empereur. *s. l. 8 min.*
Tom. IX. Proll. p. LXI. Texte p. 753-772.

* Commentaires sur les cinq livres de Moise. Gen., Frç. Estienne. *fol.*
Tom. XXIII. Proll. p. XVII.
* Commentaires sur le livre de Josué. Gen., Perrin. *fol.*
Tom. XXIII. Proll. p. XVII.
* Commentarius in librum Iosue. Gen., Perrinus. *8.*
Tom. XXIII. Proll. p. XVIII. Textus Tom. XXV. p. 417-570.
* Commentarius in librum Psalmorum. [*Gen.*] Barbirius et Courteau. *8.*
Tom. XXXI. Proll. p. 9.
* Commentarii in Acta Apostolorum. [*Gen.*] Barbirius et Courteau. *8.*
Tom. XLVIII. Proll. p. V.

1565

* Institution de la religion chrestienne. Gen., Martin. *8.*
* Institution de la religion chrestienne. Lion, Martin. *8.*
Institution de la religion chrestienne. Lion, Haultin. *fol.*
Table contenant les passages de l'escriture saincte qui sont exposez, ou esclaircis, ou a propos alleguez en l'Institution de M. Jean Calvin. Orleans, Rabier.
* Στοιχείωσις . . . Rudimenta fidei christianae . . . addita est precum ecclesiasticarum formula. Gr. et lat. *s. l.* [*Stephanus*] *8 min.*
Traicté des Scandales. *8 min.*
Tom. VIII. Proll. p. XII.
Traité sur la divinité de Christ contre les Ariens. [*Pseudo-Gallasius*] Orléans. *8.*
Tom. VII. Proll. p. XXXIV.
* Sermons sur l'histoire de Melchisedec, la justification et le sacrifice d'Abraham. Gen., Durant. *8 min.*
Tom. XXIII. Proll. p. 632.
Commentaires sur le livre de Josué. Gen., Perrin. *fol.*
Tom. XXIII. Proll. p. XIX.

Commentaires sur le livre de Josué. Gen., Perrin. *8 min.*
Tom. XXIII. Proll. p. XIX.

Commentaires sur le livre de Josué. Lion, Cercia. *8.*
Tom. XXIII. Proll. p. XIX.

Leçons et expositions sur le prophète Jeremie. Lyon, Senneton. *fol.*
Tom. XXXVII. Proll. p. 465.

* Praelectiones in viginti prima capita Ezechielis. Gen., Perrinus. *8.*
Tom. XL. Proll. p. XVII. Textus p. 1-508.

Leçons sur les vingt premiers chapitres d'Ezechiel. Gen., Perrin. *fol.*
Tom. XL. Proll. p. XVII.

* Quarante sept sermons sur les huit derniers chapitres des prophéties de Daniel. La Rochelle, Berton. *fol.*
Tom. XLI. Proll. p. 309. Texte ibid. p. 323-688 et Tom. XLII. p. 1-174.

* Leçons et expositions familieres sur les douze petits prophètes. Lion, Honorati. *fol.*
Tom. XLII. Proll. p. 193.

Leçons et expositions familieres sur les douze petits prophètes. Gen., Courteau. *8.*
Tom. XLII. Proll. p. 193.

* Commentarii in epistolas Pauli atque in ep. ad Hebraeos et omnes epistolas canonicas. Gen., Curteus. *8.*
Tom. XLIX. Proll. p. XVIII.

1566

* Institution de la religion chrestienne. Gen., Perrin. *fol.*
Institucie ofte onderwijsinghe der chr. religie.(*ed. 1560*) *4.*
Catechismus graecus.
Il catechismo di Messer Giov. Calvino, con esplicatione da Nic. Balbani. [*Gen.*] G. Batt. Pinerolio. *12.*

Recueil des Opuscules. Gen., Pinereul. *fol.*
Tom. V. Proll. p. XIV.

De divina Christi essentia adversus Nearianos. [*Pseudo-Gallasius*] Aureliae, Gibierius. *8.*

Utlegghinghe op alle de Sendbrieven Pauli end op den Sendbrief tot den Hebreen. Embden. *fol.*

1567

Valentini Gentilis impietatum explicatio. Gen., Perrinus. *4.*
Tom. IX. Proll. p. XXXIX.

A little booke concernyng offences. Transl. by A. Golding. Lond., Seres. *8.*

* Sermons sur le cinquième livre de Moise. Gen., Courteau. *fol.*
Tom. XXV. Proll. p. 579. Texte ibid. p. 605-722.
Tom. XXVI-XXIX. p. 1-232.

* Commentarii in duodecim prophetas minores. Gen., Crispinus. *fol.*
Tom. XLII. Proll. p. 195.

1568

* Institutio religionis christianae. Gen., Perrinus. *fol.*
Tom. II. Proll. p. VI.

1569

* Institutio religionis christianae. Gen., Perrinus. *8.*
Tom. II. Proll. p. VI.

* Sermons sur le livre de Job. Gen., Perrin. *fol.*
Tom. XXXIII. Proll. p. 15.

* Leçons sur le livre des prophéties de Daniel. Gen., Perrin. *fol.*
Tom. XL. Proll. p. 527.

Sermons upon the songe of king Ezechias. Lond., Daye. *8.*

1570

* Catechismus, hoc est formula erudiendi pueros. Gen., Pinerolius. 8.

* Catechismus ecclesiae Genevensis, hoc est formula . . . addita formula administrandorum sacramentorum. Gen., Crispinus. 16.

Preface of Calvine to the historie of Spiera. [*A notable epistle of M. Gribalde, concerning the terrible judgemente of God . . Transl. by Aglionby. Lond. 8.*]

* Commentarii in Isaiam. Gen., Crispinus. fol.

Tom. XXXVI. Proll. p. 9.

Commentaries upon the prophet Daniell. Transl. by A. Golding. Lond., Daye. 4.

1571

Commentary on the book of Psalms. Transl. by A. Golding., Lond., East. 4.

* Praelectiones in librum prophetiarum Danielis. [*Gen.*] Vincentius. fol.

Tom. XL. Proll. p. 524.

Der Apostel Geschicht durch den heiligen Evangelisten Lucam beschrieben ... gründtlich ausgelegt und erklärt durch Joannem Calvinum, aber jetzt .. durch einen Gottliebenden und gelehrten zu gutem verteutscht. Heydelberg, Mayer. fol.

1572

* Institutio christianae religionis, das ist Underweisung inn christlicher Religion . . . sampt Johann Calvini Catechismo. Heydelb., Meyer. fol.

Summarischer Begriff der lehr von den Heiligen Sacramenten, verteutscht aus dem vierdten Buch der Underweisung Christlicher Religion Herren Joannis Calvini. Heydelb., Maier. 4.

Catechismus ecclesiae Genevensis. Lond. 8.

* Commentaires sur le prophète Isaie. Gen., Perrin. *fol.*
  Tom. XXXVI. *Proll. p. 9.*
* Harmonia trium Evangelistarum, adiuncto Ioanne. [*Gen.*] Crispinus. *fol.*
  Tom. XLV. *Proll. p. V.*
* Commentarii in omnes epistolas Pauli, atque etiam in ep. ad Hebraeos et in omnes epistolas canonicas. Gen., Crispinus. *fol.*
  Tom. XLIX. *Proll. p. XIX.*

1573

* Commentarii in quinque libros Mosis. Gen., de Hus. *fol.*
  Tom. XXIII. *Proll. p. XVIII.*
* Commentarii in Acta Apostolorum. Gen., Vignon. *fol.*
  Tom. XLVIII. *Proll. p. V.*

1574

The institution of the christian religion by T. Norton. Lond., Wolfe. *4.*

The Catechisme in two partes, the first in Scotch poetry, .. the second in Latin and Scotis prose. Edinb. *16.*

Sermons upon the songe that Ezechias made. Lond. *8.*

* Sermons upon the book of Job. Transl. by A. Golding. [*Lond.*] Harison and Bishop. *fol.*

Commentaires sur l'Harmonie des trois Evangelistes. *4.*

* Sermons upon the epistle to the Galatians. Lond., Harison and Bishof. *4.*

1575

Στοιχείωσις ... Rudimenta fidei, sive Catechismus. Gr.-lat. Gen., Stephanus. *8.*

The Catechisme. Edinb., Bassandine. *8.*

* Epistolae et responsa. Ed. Beza. Gen., Santandr. *fol.*
  Tom. X. Pars II. *Proll. p. IX.*

The epistle declaring that Christ is the end of the lawe. *8.*

* Commentarius in historiam Iosue. Gen., Sanctandr. *fol.*
  Tom. XXIII. Proll. p. XVIII.

1576

* Institutio religionis christianae. Laus., Lepreux. *8.*

* Institutio religionis christianae. Lond., Vautrollerius. *8.*

* Tractatus theologici omnes. Gen., Sanctandr. *fol.*
  Tom. V. Proll. p. XIX.

* Epistolae et responsa. Ed. Beza. Gen., Sanctandr. *fol.*
  Tom. X. Pars II. Proll. p. XIII.

* Epistolae et responsa. Laus., Lepreux. *8.*
  Tom. X. Pars II. Proll. p. XIV.

Two godly and notable sermons, preached 1555: the one concernyng patience in adversitie, the other touchyng the most comfortable assurance of oure salvation in Chryste Jesu. Lond., Seres. *8.*

* Praelectiones in Jeremiam et Lamentationes. Gen., Vignon. *fol.*
  Tom. XXXVII. Proll. p. 463.

1577

* Institutio religionis christianae. Laus., Lepreux. *8.*

In librum Josue brevis commentarius. Gen., apud P. S(antandreanum). *8.*

Commentarie upon the epistle to the Romans. Transl. by Rosdell. Lond. *4.*

Commentarie upon the epistle to the Corinthians. Transl. by Thom. Tymme. Lond. *4.*

Commentarie upon the epistle to the Ephesians. Transl. by A. Golding. Lond. *4.*

Commentaries upon the first epistle of St. John and upon the epistle of Jude. Lond., Kyngston. *12.*

1578

*The Institution of christian religion. Transl. by Th. Norton. Lond., Vautrollier. *8.*

* Institutie ofte onderwiisinghe in de christelycke religie in vier boecken begrepen ... ghetrouwelijck verduytschet. (*ed. 1560*) Dordrecht, Iansz ende Verhagen. *4.*

*Commentarie upon the first booke of Moses. Transl. by Thom. Tymme. Lond., Harison and Bishop. *4.*

Commentarie upon the booke of Josue. Transl. by W. F. Lond., Dawson. *4.*

* Commentarius in librum Psalmorum. Gen., Vignon. *fol.*
Tom. XXXI. Proll. p. 11.

Lectures or daily sermons upon the prophet Jonas. Transl. by N. Baxter. Lond. *4.*

1579

Institutionis religionis christianae compendium, ed. Bunnius. Lond., Vautrollier. *8.*

Traité des Reliques.

* Interim adultero-germanum. Laus. *8.*

* Thirteene sermons of maister J. Calvine, entreating of the free election of God in Jacob and of reprobation in Esau ... An answere to a libel against predestination. Transl. by J. Fielde. Lond., Dawson. *4.*
Tom. LVIII. Suppl. p. 205.

Foure sermons entreating of matters very profitable for our time ... with a briefve exposition of the 87. Psalme. Transl. by J. Fielde. Lond., for Man. *4.*

Sermons upon the ten commandements of the Lawe. Transl. by J. H(armar). Lond., Harrison. *4.*

Sermons on the epistles to Timothie and Titus. Transl. by L. T(omson). Lond., Bishop. *4.*

1580

An abridgement of Calvins Institutions by Edm. Bunnie. Transl. by May. Lond., Norton. 8.

The Catechisme or maner to teache children ... Lond., Kingston. 8.

Catechismus graecus.

* Sermons upon the booke of Job. Transl. by A. Golding. Lond., Dawson. *fol.*

* Two and twentie sermons on the 119. Psalm. Transl. by T. S(tocker). Lond., Dawson. 4.

* Commentarii in epistolas Pauli, item in ep. ad Hebraeos et in omnes epistolas canonicas. Gen., Vignon. *fol.*
  Tom. XLIX. Proll. p. XIX.

Three propositions or speeches. Transl. by T. W(ilcox). Lond. 8.

1581

Sermons upon the ten commandements of the Lawe. Transl. by J. Harmar. Lond. 4.

27 sermons concerning the divinitie, humanitie and nativitie of our Lord J. C. Transl. by Tho. Stocker. Lond., Dawson. 8.

Predicatien over den Lofsanck des Coninckx Ezechië .. overghesedt door Th. O. Antwerpen. 8 *min.*

A sermon conteining an exhortation to suffer persecution for following Jesus Christe and his Gospell, upon Heb. 13. Lond. 8.

An excellent treatise of the immortalitie of the soule. Transl. by Tho. Stocker. Lond., Daye. 8.

* Commentarius in 12 prophetas minores. Gen., Vignon. *fol.*
  Tom. XLII. Proll. p. 195.

A commentarie upon the epistle to the Galatians. Transl. by R. V(aux). Lond. 4.

*A commentarie upon the epistle to the Colossians. Transl. by R. V(aux). Lond., Purfoote. [*1581*] 4.

1582

The Institution of christian religion by T. Norton. Lond., Middleton. *4.*

Institutionis christianae religionis compendium per Edm. Bunnium. Antw. *8.*

Underweysung inn christlicher Religion. Trewlich verteutscht. Heydelberg. *fol.*

The Catechisme or maner to teache children the christian religion. Lond., Kyngston. *8.*

Excuse à Messieurs les Nicodemites.

* Commentarii in Harmoniam Evangelistarum et in Johannem. Gen., Vignon. *fol.*

Tom. XLV. Proll. p. V.

Harmonia, dat is, een tsamenstemminghe uit de drie Evangelisten, vert. door Gallinaceum. Item op het Ev. Johannis, item de Handelingen der Apostelen, vert. door J. Florianum. Antw., Soolmans. *fol.*

Over de vier Evang. en de Handelingen der Apostelen. Leid. *fol.*

Uitlegghinghe op alle de Sendbrieven Pauli, end op den Sendbrief tot den Hebreen. Amst. *fol.*

De commentarien op de canonicke Sendtbrieven Petri, Jacobi, Joannis, Iudae. Leyd. *fol.*

1583

* Der heilig Brotkorb der h. Römischen Reliquien oder würdigen Heiligthumsprocken, das ist Johannis Calvini nothwendige Vermanung. (Vorrede von Eysenberg. Beschläge von Pickart [Fischart]). Christlingen [*Strassburg*] bei Ursino Gutwino [*Jobin*]. 1538 (*sic*). *8.*

Waerschouwinghe van de Reliquien der Heylighen. Antw. *4.*

*Commentarius in quinque libr. Mosis. Gen., Sanctandr. *fol.*
Tom. XXIII. *Proll. p. XVIII.*

The sermons upon the fifth booke of Moses, called Deuteronomie. Transl. by A. Golding. Lond. *fol.*

* Commentarius in Isaiam. [*Gen.*] Vignon. *fol.*
Tom. XXXVI. *Proll. p. 11.*

* Praelectiones in Ezechielis capita viginti priora. [*Gen.*] Sanctandreanus. *fol.*
Tom. XL. *Proll. p. 17.*

Praiers used by J. C. at the end of his reading on Hoseah. Tranl. by J. Field. Lond. *16.*

* A commentarie upon the epistle of S. Paul to the Romanes. Transl. by Chr. Rosdell. Lond. *4.*

1584

Institutionis christianae religionis epitome per G. Launaeum. Lond., Vautrollerius. *8.*

* Der heilig Brotkorb . . . Christlingen. *8.*

Sermons upon the booke of Job, by A. Golding. Lond. *fol.*

Two godly and learned sermons (Ps. 16 and Heb. 13). Transl. by Rob. Horne. Lond., for Car. *8.*

* A Harmonie upon the three evangelistes Matthew, Mark and Luke. A commentarie upon S. John. Transl. by E. P(aget). Lond., Bishop. *8.*

* The holy Gospel of J. C. according to John with commentary. Transl. by Fetherstone. [*Lond.*] Dawson. *8.*

* Commentarius in Acta Apostolorum. Gen., Vignon. *fol.*
Tom. XLVIII. *Proll. p. V.*

A commentarie upon the epistle to the Philippians. Transl. by W. B(ecket). Lond., Lyng. *4.*

The commentary upon the ep. of S.John. Lond., H(arison). *8.*

1585

*Institutio religionis christianae. Gen.,Vignon etLepreux. *8.*

An abridgement of the Institution of christian religion by W. Lawne. Transl. by Fetherstone. Edinb., Vautrollier. *8.*

Catechismus, gr. et lat. Stephanus. *16.*

Psychopannychia. Arg. *8.*

* Commentaries upon the Acts of the Apostles. Transl. by Fetherstone. Lond., Dawson. *4.*

1586

Institutio christianae religionis. Laus., Lepreux. *8.*

* Institutionis religionis christianae epitome (Praefatio Oleviani). Herbornae, Corvinus. *8.*

Summa der wahren christlichen Religion. Herborn, Rabe. *4.*

An abridgement of the Institution by W. Lawne. Edinb. *8.*

Vier Predigten, drey über den englischen Gruss, die vierte vom Gehorsam gegen alle Obrigkeit. (Vorrede von Olevianus) Herborn. *4.*

1587

* The Institution of christian religion. Transl. by T. Norton. Lond., Middleton. *8.*

An abridgement of the Institution . . . corrected and augmented. Edinb. *8.*

Predigten H. Johannis Calvini über das Buch Job: aus dem frantzösischen trewlich verteutscht. Herborn, Rabe. *4.*

Commentarius in Isaiam.

1588

Στοιχείωσις . . . Rudimenta fidei christianae. Rupellae. *16.*

Panoplia christiana [*in qua plura Calviniana*]. Gen., Vignon. *8.*

1589

* Kurtzer Unterricht, wess sich ein Christ unter den Papisten verhalten soll. Herborn, Rabe. *4.*

* Commentarius in Jeremiam et Lamentationes. Gen., Vignon. *fol.*

Tom. *XXXVII. Proll. p. 465.*

1590

* Institutio religionis christianae. Gen., Lepreux. *fol.*

* Der heilig Brotkorb ... Christlingen. *8.*

* Harmonia, das ist Vergleichung und Einstimmung der dreyen Evangelisten Matth., Marcus u. Lucas mit Auslegung auch des Evangelisten Johannes ... deutsch von W. Haller. Heydelb. *fol.*

Soixante cinq sermons sur l'harmonie ou concordance des trois Evangelistes ... Gen., Stoer. *8.*

* Der Apostel Geschichte ... ausgelegt und erklärt. Neustadt an d. H., Harnisch. *fol.*

1591

חנכה, hoc est Catechesis sive prima institutio aut rudimenta fidei christianae, ebraice a Jo. Drusio, graece ab H. Stephano, latine a J. Calvino explicata Lugd. Batav., Rapheleng. *8.*

* Commentarius in Danielem. Gen. [*Laonius*] *fol*

Tom. *XL. Proll. p. 525.*

1592

* Institutio religionis christianae. Gen., Lepreux. *fol.*

* Institutio religionis christianae. Gen., Lepreux. *8.*

Summarischer Begriff der lehr von den heiligen Sacramenten, verteutscht aus dem 4. Buch der Unterweisung chr. Religion. Neustadt a. d. Hardt. *4.*

* Sermons on the historie of Melchisedech. Transl. by Th. Stocker. Lond., Windet. *8 min.*

Preces et soliloquia, christliche Gebete und heimliche Gespräche mit Gott ... aus den Predigten über das Buch Hiob (G. L. Pezel). Herb. *12.*

1593
Institutie ofte onderwijsinghe in de christlelijke Religie. (*ed. 1560*) Leiden, Paedts en Bouwensz. *4.*
* Conciones in librum Iobi. Gen., Vignon. *fol.*
Tom. XXXIII. Proll. p. 19.

1594
Institutie ofte onderwijsinghe in de christelijke religie, uittreksel door G. Delaunay, vert. door Joris de Raed. Amst. *8 min.*
* Der heilig Brotkorb . . . Christlingen. *8.*
A treatise of a christian life. Transl. by J. Shutte. Lond. *8.*

1595
* Commentarius in quinque libros Mosis et librum Iosue. [*Gen.*] Sanctandreanus. *fol.*
Tom. XXIII. Proll. p. XVIII.
* Harmonia ex tribus Evangelistis composita, et commentarius in Joannem. Gen., Vignon. *fol.*
Tom. XLV. Proll. p. VI.

1596
Aphorismes of christian religion or a very compendious abridgement of M. J. Calvins Institution, set forth in short sentences by J. Piscator, englished by H. Holland. Lond., Field. *8.*
The Catechisme or maner to teach children . . . Edinb. *16.*
Catecismo que significa forma de instrucion. . . . [*Gen.*] En casa de Ricardo del Campo. *16.*

1597
* Institutio christianae religionis, das ist Underweisung Christlicher Religion. Hanau, Cäsar und Anthoni. *4.*
* Institucion de la religion christiana compuesta in quatro libros, a dividida en capitulos, por Juan Calvino. Y ahora

nuevamente traduzida en Romance Castellano por Cipriano de Valera. [*Gen.*] En casa de Ricardo del Campo. *8.*

* Tractatus theologici omnes. Gen., Sanctandreanus. *fol.*
Tom. V. Proll. p. XXIV.

* Epistolae et responsa. Hanoviae, Antonius. *8.*
Tom. X. Pars II. Proll. p. XV.

1598

The Catechisme or maner to teach children ... Middelb., Schilders. *16.*

Een zeer schoon ende profitelick tractaet vande Ergernissen, vert. door Silvenoetius. Amst., Cloppenburch. *8 min.*

1599

* The Institution of christian religion ... by T. Norton. Lond., Hatfield. *4.*
* Traitté des Reliques. Gen., Roviere. *8.*
Tom. VI. Proll. p. XXVI.

1600

* Kurtzer Bericht von den fürnembsten Artickeln der wahren Christlichen Religion, auss den vier Büchern der Institution J. Calvini in ein Büchlein zusamen gezogen. Herborn, W. Rolich. *8 min.*

Harmonie, d. i. Vergleichung der drei Evangelisten. Ev. Johannes (durch N. Haller). — Die Apostelgeschichte (durch P. Merzig). Neust. *fol.*

* Commentarii in epistolas N. T. omnes. Gen., Vignon. *fol.*
Tom. XLIX. Proll.. p. XIX.

1601

The Catechisme or maner to teach children ... *8.*
* Traicté des Reliques. Gen., Roviere. *16.*
* Der heilig Brotkorb ... Christlingen. *8.*

Uitlegghinghe op alle de Sendbrieven Pauli . . ook op den Sendbrief tot den Hebreen. Leyden. *fol.*

1602

* Institutio religionis christianae. Gen., Lepreux. *8.*

* Institutie ofte onderwijsinghe in de christelijke religie . . (*ed. 1560*) Leyden, Paedts Jacobsz ende Bouwensz. *fol. min.*

* Een supplicatie van de noodighe reformatie . . . overgheset door Cor. Agricola. Leyden, Paedts Jacobsz ende Bouwensz. *fol.*

Commentarius in quinque libros Mosis. *s. l.* Commelin. *fol.*
Tom. XXIII. Proll. p. XIX.

1604

* Homiliae in I. librum Samuelis. Gen., Gabr. Carterius. *fol. Tom. XXIX. Proll. p. 237. Textus Tom. XXIX. XXX.*

* Harmonia, dat is een tsamenstemminghe, ghemaeckt uit de drie evangelisten, overgheset uyt den latijnsche by G. Gallinaceum. Leyden, Paedts Jacobsz. *fol.*

De Handelinghen der Apostelen . . by J. Florian. Leiden, Paedts. *fol.*

1605

Aphorismi doctrinae christianae ex Institutione C. maximam partem exerpti . . . per J. Piscatorem. Herb. *12.*

A commentarie upon the epistle to the Hebrews. Transl. by Clement Cotton. Lond., Kingston. *8.*

1606

* Institutio religionis christianae. Gen., Lepreux. *8.*

* Catechismus Herrn Johannis Calvini erkleret und mit Sprüchen h. Schrift bewiesen durch Nicolaum Balbani, weiland Dienern der Italiänischen Kirchen zu Genff, jetzt in unsre teutsche Sprach übergesetzt. Kassel, Wessel. *8 min.*

* Der heilig Brodkorb . . . Christlingen. *8.*

1607

* Institutio religionis christianae. [*Gen.*] Lepreux. *fol.*

1608

* Institutio christianae religionis, das ist Unterweisung christlicher Religion. Heydelb., Steinmeyer. *4.*

* Der heilig Brotkorb . . Christlingen. *8.*

* Epistolica disceptatio inter Sadoletum ac Calvinum. Neost., Schrammius. *4.*

Praefatio in historiam Spierae. Amberg. *12.*

1609

* Institutio religionis christianae. [*Gen.*] Lepreux. *fol.*

* Institution de la religion chrestienne. Gen., Stoer. *fol.*

Catechismus, gr. et lat. Gen. *12.*

A commentarie upon the prophecie of Isaiah. Transl. by C. C(otton). Lond. *fol.*

* Commentarius in Acta Apostolorum. Gen., Vignon. *fol.*
Tom. *XLVIII.* Proll. *p. V.*

1610

Institutie ofte onderwijsinghe in de chr. Religie. Rotterd., J. van Waesberghen. *fol. min.*

* *Eadem editio.* Dordrecht, Canin. *fol. min.*

* Een supplicatie van de noodighe reformatie der chr. kercke in het pausdom. Dordrecht, Canin. *fol.*

Professio Calvini ad Sadoletum. [*Discursus epistolares politico-theologici de statu reipublicae christianae Francof. p. 145-186.*]

* Commentarius in librum Psalmorum. Gen., Vignon. *fol.*
Tom. *XXXI.* Proll. *p. 11.*

* Praelectiones in librum Danielis. Gen., Vignon. *fol.*
Tom. *XL.* Proll. *p. 525.*

* Praelectiones in 12 prophetas minores. Gen., Vignon. *fol.*
   Tom. XLII. Proll. p. 195.
A Harmonie upon the three Evangelistes . . . Lond., Adams. *4.*
* The Gospel of S. John, by Fetherstone. Lond., Dawson. *4.*

1611

* In Senecae libros duo de Clementia commentarii. Gen., Stoer. *fol.*

The Institution of christian religion, by T. Norton. Lond. *fol.*

Cort begriip der Institutie of onderwijsinge der chr. religie door Guil. Launeum, in onse sprake overgestelt door Joris de Raed. (*ed. 1594*) Amst., Bartholomeusz. *8.*

The Catechisme or maner to teach children. Edinb. *8.*

* Tractatus theologici omnes. Gen., Stoer. *fol.*
   Tom. V. Proll. p. XXIV.
* Recueil des Opuscules. Gen., Stoer. *fol.*
   Tom. V. Proll. p. XXV.
* Sermons sur le livre de Job. Gen., Berjon. *fol.*
   Tom. XXXIII. Proll. p. 17.
* Praelectiones in lib. Danielis. Rupellae, Vignier. *fol.*
   Tom. XL. Proll. p. 525.

1612

* Institutio religionis christianae. Gen., Lepreux. *8.*
* Tractatus theologici. Gen., Stoer. *fol.*
   Tom. V. Proll. p. XXIV.
* Vier brieven Joannis Calvini overghezet uit het Latijn, inhoudende einen goeden raet . . s. l. *4.*

Vergaderinghe ghehouden in de kercke von Geneven door Joh. Calvinum, in welcke de materie van de eeuwige verkiesinghe Gods van hem is voorgestellt . . Int Fransch 1562 utghegheven, ende door Conradum Mirkinium overghezet. Rotterd., F. van Sambin. *4.*

1614

Institutie ofte onderwijsing. (*ed. 1610*) Amst., Laurentz. *fol. min.*

* Harmonia trium Evangelistarum et Commentarius in Joannem. [*Gen.*] Vignon. *fol.*

Tom. XLV. Proll. p. VI.

1615

Der 119. Psalm des Königes und Propheten Davids erklärt und ausgelegt in zwo und zwanzig Predigten . . . Cassel, Wessel. *8.*

1616

* Epistolae et responsa. Gen., Vignon et Chouet. *fol.*

Uitleginge over de Brieven von Paulus. Amst. *fol.*

Die Episteln sanct Pauli an Titum und Philemonem, ausgelegt durch H. Johannem Calvinum . . sampt angehengtem Catechismo desselben. Jetzt auss lateinischer und frantzösischer Sprach in die Teutsche übergesetzt. Frankf. a. M., Unkel. *8.*

1617

* Institutio religionis christianae. (*Pars I. Tom. VI. Opp. ed. Gen.*) Gen., Chouet et Vignon. *fol.*

Institutie ofte onderwijsinghe. (*ed. 1610*) Amst., Laurentz. *fol. min.*

Institutie ofte onderwijsinghe. *ed.* 1602. — Een supplicatie van de noodighe reformatie, vert. door Car. Agricola. Dordrecht, Canin. *fol.*

* Tractatus theologici omnes. (*Tom. VII. Opp. ed. Gen.*) Gen., Vignon et Chouet. *fol.*

Tom. V. Proll. p. XXIV.

* Epistolae et responsa. (*Pars II. Tom. VI, Opp. ed. Gen. Eadem ed. quam 1616*) *Ibid. fol.*

Commentarii in quinque libros Mosis et librum Josue. (*Tom. I. Opp. ed. Gen.*) *Ibid. fol.*
     Tom. *XXIII. Proll. p. XVIII.*

* Homiliae in librum I. Samuelis et Conciones in libr. Iobi. (*Tom. II. Opp. ed. Gen.*) *Ibid. fol.*
     Tom. *XXIX. Proll. p. 239.*

* Commentarii in librum Psalmorum. (*Pars I. Tom. III. Opp. ed. Gen.*) *Ibid. fol.*

* Commentarius in Isaiam. (*Pars I. Tom. IV. Opp. ed. Gen.*) *Ibid. fol.*
     Tom. *XXXVI. Proll. p. 11.*

* Praelectiones in Ieremiam et Lamentationes. (*Pars II. Tom. IV. Opp. ed. Gen.*) *Ibid. fol.*
     Tom. *XXXVII. Proll. p. 465.*

* Praelectiones in Ezechielis capita XX priora. (*Pars III. Tom. IV. Opp. ed. Gen.*) *Ibid. fol.*
     Tom. *XL. Proll. p. 17.*

* Praelectiones in Danielem. (*Pars IV. Tom. IV. Opp. ed. Gen.*) *Ibid. fol.*
     Tom. *XL. Proll. p. 526.*

* Praelectiones in duodecim prophetas minores. (*Pars II. Tom. III. Opp. ed. Gen.*) *Ibid. fol.*

Commentarii in Evangelia. (*Pars I. Tom. V. Opp. ed. Gen.*) *Ibid. fol.*
     Tom. *XLV. Proll. p. VI.*

* Commentarii in Acta Apostolorum. (*Pars II. Tom. V. Opp. ed. Gen.*) *Ibid. fol.*
     Tom. *XLV. Proll. p. VI.*

Commentarii in epistolas Paulinas, ep. ad Hebraeos et epp. canonicas. (*Pars III. Tom. V. Opp. ed. Gen.*) *Ibid. fol.*
     Tom. *XLIX. Proll. p. XIX.*

Uitleginge op alle Sendbriefe der Apostelen. Amst. *fol.*

1618

* Institutio religionis christianae. Gen., Crispinus. 8.

1620
* Two and twenty lectures upon the five first chapters of Jeremiah. Lond., Kingston. *4.*

1622
* Der heilig Brotkorb ... Christlingen. *8.*

1624
Az keresztyeni religiora és igaz hitre valo tanitas. Mellyet deakul irt Calvinus Ianos. Es osztan Franciai, Angliai, Belgiai, Olasz, Német, Czeh és egyéb nyelvekre forditottanak. (Molnar Albert) Hanoviaban. *4. (lingua hungarica)*

1625
Tsamenstemming der drie Evangelisten. Het Ev. Johannis. De Handelingen der Apostelen; door G. Gallinaceum end Jo. Florianum. (*ed. 1582*) Dordr., Verhaghen. *fol.*
Eadem editio. Amst., Laurensz.

1626
Nauka o sakramenciech świętich nowego Testamentu. Wzięte z czwartych ksiąg Instytucij, nabozeństiva Krześciańskiego Jana Kálwina y na Polskąrzecz przeniesiona. W. Lubczu, Blastusa Kmity. (*lingua polonica*)

1628
The Catechisme ... Aberdeen, Rabane. *12.*

1630
Aphorismi doctrinae christianae .. ex Institutione C. per J. Piscatorem. Oxoniae, Lichfield. *12.*

1634
* The Institution of christian religion, by T. Norton. Lond., Griffin. *fol.*

1636
* Analysis paraphrastica Institutionum theologicarum Joh. Calvini disputationibus XLI contexta, auctore Dan. Colonio. Lugd. Bat., Elzevirius. *12.*

1637
* Institutio religionis christianae. Gen., Stoer. *8.*

1642
De vera christianae pacificationis et ecclesiae reformandae ratione. Lugd. Bat., Elzevirius. *8.*

1645
* Institutie ofte onderwysinge in de christelicke religie. (*ed. 1617*) Amst., Cloppenburgh. *fol.*
* Een supplicatie van de noodige reformatie der christelicke kercke door Agricola. (*ed. 1602*) Amst., Cloppenburgh. *fol.*

1646
Catechismus vertaalt door Van der Meer. Wormermeer. *12.*

1648
* Calvini ad Lutherum epistola nondum edita. [*Morus: Oratio de Calvino. s. l. Gamonetus.*]

Lettre de Calvin à Luther. [*Morus: Harangue pour Calvin, traduit du latin. Gen.*]

1650
* Institutie ofte onderwiisinghe in de christelicke religie .. overg. door Wilh. Corsman. Een Supplicatie van de noodighe reformatie door Agricola. Rechte maniere om het Christendom te bevredighen ende de kercke te reformeeren. Handelinge van de Reliquien. Amst., van Ravensteyn. *fol.*

Kort begrijp der Institutie door Guil. Launeum uyt het latijn overgestellt door Joris de Raedt. (*ed. 1594*) Amst. *8.*

1652

Theatrum sapientiae coelestis ex J. Calvini Institutione chr. religionis analysi continua repraesentatum a Theod. Zwingero. Bas., Koenig. *4.*

1654

* Institutio religionis christianae. Lugd. Bat., Elzevir. *fol.*
* *Eadem.* Lugd. Bat., Hack. *fol.*
* *Eadem.* Lugd. Bat., Haro. *fol.*
* *Eadem.* Lugd. Bat., Leffen. *fol.*
* *Eadem.* Lugd. Bat., Moyard. *fol.*
* *Eadem.* Lugd. Bat., Wyngaerd. *fol.*

1656

Catechismulu calvinescu .. (*lingua daco-romana*)

1659

Over de rustdagh. Samengestelt door F. Ridderus. Rotterd. *12.*

1660

A letter from M. John Calvin to M. Knox concerning the english common prayer.

1667

* Opera omnia. 9 t. Amst., J. J. Schipper. *fol.*
  1. Com. in Pent. Jos. 2. Hom. in Sam. Conc. in Iobum. 3. Com. in Psalmos et Isaiam. 4. Prael. in Jerem. et Ezech. 5. Prael. in Dan. et proph. maiores. 6. Com. in Ev. et Acta. 7. Epp. Pauli, ep. ad Hebr. et epp. can. 8. Opusc. et libr. de Clem. 9. Institutiones. Epistolae. Responsa.

Tom. I. Proll. p. XII.

1687

Epistola ad Laelium Socinum. Lond. *8.*

1693

Traité de la justification par J. Calvin, traduit du latin de son Institution par Jean de Labrune. Amst. *8.*

1695

A' Genevai Szent Gyülekezetnek Catechismussa. Avagy: A' Christus tudományában gyermekeket tanító Formatskaja. Mellyet, A' nagy Theologus Cálvinus János, .. elöször Galliai nyelven 1538 esztendöben, igen rövideden; azután 1545 és 1553 esztendökbê, Francziai és Deák nyelven egyszersmind ezen renddel bövebben kibotsátott: következendö idökben, Német, Angliai, Scótiai, Belga, Spanyol nyelvre; Immanuel Tremelliustól, keresztyén Sidótol, Sidó nyelvre; és Henricus Stephanustól Görög nyelvre; mostan Magyar nyelvre fordíttatott. Kolozsvár, Totfalusi. *12.* (*lingua hungarica*)

1696

Nouvelle traduction-françoise du 1er livre de l'Institution chrestienne. Second livre 1697. Breme, Jean Wessel. *4.*

Epistolae ineditae. ed. Creenius. Lugd. Bat. *8.*

1702

* Lettres choisies mises en françois par Ant. Teissier. Cologne sur la Spree (*Berlin*) 1602 (*sic*), Liebpert. *8.*
   Tom. X. Pars II. Proll. p. XIX.

1705

Traité de la justification, traduit par J. de Labrune. Amst., Kuyper. *12.*

1712

Onderrichting tegen de Vrijgeesten, uit het latijn en fransch door C. Tuinman. Middelb. *8.*

1713

* Institution de la religion chrestienne. Trad. par Ch. Icard. Breme, Brauer le jeune. *fol.*

1719

Calvins Catechism. [*W. Dunlop: A collection of Confessions of faith, catechisms. Edinb. II. p. 129—272.*]

1722

Literae pacificae ad Lutherum. *s. l. 4.*

1723

Plures epistolae. [*Chr. Sigm. Liebius: De pseudonymia J. Calvini. Amst., Wetsteinii.*]
Tom. X. Pars II. Proll. p. XV.

1739

* Kort begriip der Institutie of onderwysing der christ. religie, door Guil. Launeum, overgestelt en verkl. door Joris de Raedt. (*ed. 1594*) Amst., by Rotterdam en Kemmer. *8 min.*

1744

* Lettres à Jacques de Bourgogne. Apologia illustr. D. Jacobi a Burgundia. Amst., Wetstein. *8.*
Tom. X. Pars II. Proll. p. XVI.

1762

* Catechisme ou formulaire d'instruction chrétienne. Middelb., Taillefert. *8.*

1813

Institutes of the christian religion. Transl. by J. Allen. 3 t. Lond. *8.*

Selection of letters written by Calvin. [*E. J. Waterman: Memoirs of the life and writings of Calvin. Hartford. p. 233-398.*]

1815
Catechism of the Church of Geneva. Transl. from the Latin by E. Waterman. Hartford. *12*.

1818
* Institution de la religion chrétienne. Trad. de Ch. Icard de 1713. 3 t. Gen., Guers. *8*.

Catechismus (hebr. and deutsch-hebr.), vers. Tremellii. Lond. *12*.

1822
Traité des reliques. [*Collin de Plancy: Dictionnaire critique des reliques. Paris. III, p. 251-361.*]

1823
Institutionen der christlichen Religion, verdeutscht durch F. A. Krummacher. 1. u. 2. Buch. Elberf., Büschler. *8*.

1825
Prayers and collects, transl. from the annotations of Calvin on the book of Ezechiel. Lond. *12*.

1827
Catechismus ecclesiae Genevensis. [*Augusti: Corp. lib. symb. Elberf. p. 460-531.*]

1828
* Christliche Unterweisung in einem kernhaften Auszug von H. P. Kalthoff. Elberf., Schönian. *8*.

Esponiad .. ar Salman Dafydd ac eraill .. gan J. Calfin. A gyfieithwyd i'r Gymraeg gan W. Williams. Aberhonddu. *4*. (*lingua cimerica*)

1829
Psychopannychia. [*Huntingford: Testimonies in proof of the separate existence of the soul between death and resurrection. Lond.*]

Erklärung des Briefs Pauli an die Philipper aus dem lat. übersetzt von G. D. Krummacher. Düsseldorf. 8.

1830

Genfer oder Calvinischer Katechismus. [*Beck: Die symb. Bücher der ev. ref. Kirche. Neustadt a. d. O. I. p. 208-292.*]

1831

Catechismus der christlichen Lehre in einem kernhaften Auszug durch H. P. Kalthoff. Barmen, Schmachtenberg. 8.

* Commentarii in epp. Pauli, atque etiam in ep. ad Hebraeos. ed. Tholuck. Hal., Gebauer. 2 t. 8.

Tom. XLIX. Proll. p. XIX.

1832

* Commentarii in omnes epp. N. T. catholicas. ed. Tholuck. Hal., Gebauer. 8.

Tom. XLIX. Proll. p. XX.

1833

* Commentarii in N. T. Harm. evang. Ev. Joannis. Acta Apost. ed. Tholuck. 4 t. Berol., Eichler. 8.

1834

* Institutio religionis christianae. ed. Tholuck. 2 t. — 1835. Berol., Eichler. 8.

Institutionen der christl. Religion, verdeutscht von F. A. Krummacher. 2 t. Elberf., Hassel. 8.

* Commentarii in omnes N. T. epistolas. ed. Tholuck. 2 t. Hal., Gebauer. 8.

* Commentarii in omnes N. T. epistolas. ed. Tholuck. 3 t. Berol., Eichler. 8.

1835

* Joh. Calvini, Bezae ... literae quaedam nondum editae .. ed. Bretschneider. Lips., Vogel. 8.

Tom. X. Pars II. Proll. p. XVI.

Plura Calviniana. [*P. Henry: Das Leben J. Calvins. Hamb. 1835—1844. Beilagen.*]

* Congrégation faite en l'église de Genève en 1562. Gen., Bonnant. *8.*

1836

* Commentarius in librum Psalmorum. ed. Tholuck. 2 t. Berol., Eichler. *8.*
                Tom. XXXI. Proll. p. 11.

* Auslegung des Briefes an die Römer, aus dem lat. übersetzt von E. W. Krummacher und L. Bender. Frankf. a. M., Schmerber. *8.*

1837

Christian Theology, selected and systematically arranged .. by Sam. Dunn. Lond. *12.*

An abridgement of the Institution of christian religion, by Lawne. Transl. by Fethersthone. Lond., Leicester. *12.*

Kort begrip der Institutie. ed. J. de Raedt 1594. Veendam, Mulder.

1838

Institutes of the christian religion. Transl. by J. Allen. 2 t. 2. ed. Lond. *8.*

Catechismus der christlichen Lehre. Auszug von H. P. Kalthoff. Barmen. *8.*

* Calvini testamentum, ed. Richter. Aug. Vind., Wirth. *4.*

Lettres. [*Vulliemin: Hist. de la réf. de la Suisse.* (*Ruchat*) *Nyon. VII. Appendices.*]

The necessity of reforming the church, by Beveridge. Lond., Dalton. *16.*

* Commentarius in Genesin, ed. Hengstenberg. 2 t. Berol., Bethge. *8.*
              Tom. XXIII. Proll. p. XVIII.

* Commentarius in Harmoniam evang., ed. altera Tholuck. 2 t. Berol., Thome. *8.*

1840

Duwinyddiaeth Cristionogol, a ysgrifenwyd yn wreiddiol gan J. Calvin .. gan S. Dunn ac a gymreigiwyd gan Evan Meredith (Ievan Grygg). Crughywel, Williams. *12.* (*lingua cimerica*)

Catechismus eccl. Genevensis. [*Niemeyer: Collectio conf. in eccl. ref. publicatarum. Lips. p. 123-189.*]

* Epistolae aliquot ineditae Calvini, Buceri etc. Ed. Hundeshagen. Bernae, Huberus. *4.*

Commentary on the book of Psalms. 3 t. Lond. *8.*

1841

Institutes of the christian religion, by Allen. (*ed. 1813*) Philad., Presb. board of publ. [1841] 2 t. *8.*

Commentaries on the epistles to the Galatians and Ephesians by W. Pringle. Edinb. *16.*

Commentaries on the epistle to the Hebrews. Lond. *12.*

1842

* Oeuvres françaises, éd. Paul Jacob (Lacroix). Paris, Gosselin. *8.*   *Tom. V. Proll. p. XXIX.*

Exposition on the epistles to the Philippians and Colossians. Transl. by R. Johnston. Edinb. *16.*

1843

Christian Theology, selected and systematically arranged by S. Dunn. Lond. *12.*

The necessity of reforming the church, by Beveridge. Edinb. *16.*

The necessity of reforming the church, by Beveridge. Lond. *12.*

Verhandeling von de heilige overblijfselen. Amst., Moolenijzer. *8 maior*.

Christ the end of the law. Transl. by Welden. *4.*

— 57 —

1844

*Institutes of the christian religion, by J. Allen. 3. ed. 2 t. Lond., for Tegg. *8.*

*Tracts on the Reformation, by Beveridge. [*Calvin Translation Society*] 3 t. — 1849. 1851. Edinb. *8.*

Calvins Aphorisms and letter to Francis I. in defence of the reformation. Lond., Whittaker. *8.*

Petit traité de la S. Cène. La Haye, Roering. *8 min.*

*Commentary upon the Acts of the Apostles, by Featherstone, ed. 1585. Edited by Beveridge. [*Transl. Soc. 3*] 2 t. Edinb. *8.*

*Commentary on the Romans, by Rosdell. Edited by Beveridge. [*Transl. Soc. 1*] Edinb. *8.*

1845

*Institutes of the christian Religion, by Beveridge. [*Transl. Soc. 4*] 3 t. — 1846. Edinb. *8.*

Der Genfer Katechismus. [*J. J. Mess: Sammlung symb. Bücher der ref. Kirche. Neuwied. III, p. 141—222.*]

*Commentary on the Psalms, by Anderson. [*Transl. Soc. 6*] 5 t. — 1849. Edinb. *8.*

*Commentary on a Harmony of the Evangelists, by Pringle. [*Transl. Soc. 5*] 3 t. Edinb. *8.*

1846

*Institutio religionis christianae. Ed. (altera) Tholuck. 2 t. Berol., Thome. *8.*

Lettres. [*A. Crottet: Petite chronique protestante de France ou documents hist. sur les églises réf. de ce royaume. Paris et Gen. Appendice.*]

Tom. X. Pars II. p. XVII.

*Commentary on the twelfe minor Prophets, by Owen. [*Transl. Soc. 7*] Edinb. 5 t. — 1863. *8.*

1847

Der Genfer Catechismus. [*Böckel: Die Bekenntnissschriften der ev. ref. Kirche. Leips.*, Brockhaus. p. *127—172.*]

* Commentary on Genesis, by King. [*Transl. Soc. 9*] Edinb. 2 t. — 1850. *8.*

* Commentary of the Gospel of St. John, by Pringle. [*Transl. Soc. 8*] Edinb. 2 t. — 1860. *8.*

1848

Christ the end of the Law, by Welden. Lond. *4.*

Calvin on the jewish sabbath. Lat. and engl. Lond. *8.*

* Commentary on the epistles to the Corinthians, by Pringle. [*Transl. Soc. 10*] Edinb. 2 t. — 1849. *8.*

1849

* Commentary on Ezekiel, by Myers. [*Transl. Soc. 11*] 2 t. — 1850. Edinb. *8.*

* Commentary on Romans. New tr. by Owen. [*Transl. Soc. 12*] Edinb. *8.*

1850

* Correspondance française de Calvin avec L. du Tillet, publiée par A. Crottet. *Gen.*, Cherbuliez. *8.*

                       Tom. X. Pars II. Proll. p. XVII.

* Commentary on Isaiah, by Pringle. [*Transl. Soc. 13*] Edinb. 4 t. — 1853. *8.*

* Commentary on Jeremiah and Lamentations, by Owen. [*Transl. Soc. 14*] Edinb. 5 t. — 1855. *8.*

1851

Christ la fin de la Loi. Bruxelles. *16.*

* Commentary on the epistles to the Philippians, Colossians and Thessalonians, by Pringle. [*Transl. Soc. 15*] Edinb. *8.*

1852

Epistolae Calvini. [*J. W. Baum: Th. Besa. Leips. Anhang.*]

Calvins Lehre von der Kindertaufe, aus dem Lat. von H. Ph. Kalthoff. Rengshausen. *8.*

* Commentary on the Harmony of the last four books of the Pentateuch, by Bingham. [*Transl. Soc. 16*] Edinb. 4 t. — 1855. *8.*

* Commentary of the prophecies of Daniel, by Myers. [*Transl. Soc. 17*] Edinb. 2 t. — 1853. *8.*

1853

Institution of the chr. religion condensed into latin by W. Lawne. Transl. by Fetherstone. Lond., Wiking. *16.*

* Catéchisme. (*Réimpression fac-simile de l'édit de 1553*) Gen., Fick. *8.*

Over den rustdag. (*ed. 1659*) Utrecht, Melder. *8 min.*

* Commentary on the epistle to the Hebrews, by Owen. [*Transl. Soc. 18*] Edinb. *8.*

1854

* Lettres françaises recueillies et publiées par J. Bonnet. 2 t. Paris, Meyrueis. *8.*
   Tom. X. Pars II. Proll. p. XVIII.

* A treatise on Relics. Edinb., Johnstone and Hunter. *8.*

La Somme de Théologie. [*Bulletin de la société de l'histoire du protestantisme français. Paris. p. 122-127.*]

* Commentary on Joshua, by Beveridge. [*Transl. Soc. 20*] Edinb. *8.*

* Commentaires sur le Nouveau Testament. 4 t. — 1855. Paris, Meyrueis. *8.*

* Commentary on the epistles to the Galatians and Ephesians, by Pringle. [*Transl. Soc. 19*] Edinb. *8.*

1855

* Letters of J. C. compiled and edited by J. Bonnet and transl. by Dav. Constable, 1-2 t., Edinb., Th. Constable; by Gilchrist, 3-4 t. Philad., Presb. board of publ. (1858) *8.*

Tom. X. Pars II. Proll. p. XIX.

Predicatien, vroeger uit the fransch vert. door Jan. Martini. Dordr., Revers. *8.*

Over den rustdag. (*ed. 1659*) Utrecht, Melder. *8 min.*

* Commentary on the catholic epistles of Peter, John, James and Jude, by Owen. [*Transl. Soc. 22*] Edinb. *8.*

1856

A treatise on the eternel predestination. A defence of the sacred providence of God. From the Latin by H. Cole. Lond. *8.*

* Commentary on the epistles to Timothy, Titus and Philemon, by Pringle. [*Transl. Soc. 21*] Edinb. *8.*

1857

Büchlein vom Leben eines Christenmenschen. Deutsch bearbeitet von P. G. Bartels. Aurich, Seyde. *16.*

A sermon on Hebr. XIII. 13. [*H. Fish: History of eloquence. New-York.*]

1858

Instituzion de la religion christiana, traduzida al Castellans por Cypriano de Valera. [*Reformistas antiquos españoles. XIV. 2 partes. Madrid. 8.*]

* Vom Abendmahl des Herrn, deutsch von E. F. L. Matthieu. Pasewalk, Braune. *8.*

De Vrijgeesten. (*ed. 1598*) Dordr., Revers. *8.*

Correspondance de Calvin. [*G. Goguel: Les vrais pourtraits des hommes illustres. Ste Suzanne. p. 236—314.*]

1859

* Institution de la religion chrétienne. 2 t. Paris, Meyrueis. *8.*

Over het avondmaal des Heeren, vert. door A. van der Linde. Amst., Clement. *8.*

Gulden boekste, over den regt christelijken wandel, uit het Hoogduitsch. Amst.,. Meijer. *8.*

* Commentaires sur le livre des Psaumes. 2 t. Paris, Meyrueis. *8.*

Tom. XXXI. Proll. p. 11.

1860

* Lettre de Sadolet et réponse de Calvin. (*Réimpr. de l'éd. de 1540*) Gen., Fick. *8.*

1861

Traduction de la lettre de Salodet. Response de Calvin. [*Charpenne*: *Hist. de la réforme et des réformateurs de Genève. Paris. p. 586—633.*]

1862

Brief Calvins an Luther, übers. von E. Matthieu. [*Ev. ref. Kirchenzeitung. Erl. p. 219—222.*]

Auswahl von Schriften Calvins, übersetzt von E. W. und H. Krummacher. [*Klaiber: Ev. Volksbibliothek. Stuttg. p. 594—758.*]

1863

* Ioannis Calvini Opera quae supersunt omnia, ed. G. Baum, Ed. Cunitz, Ed. Reuss. 58 t. — 1900. (Corpus Reformatorum XXIX—LXXXVI) Brunsvigae, Schwetschke et fil. *4.*

Institution of christian religion, by Beveridge. 2 t. Edinb. *8.*

* Traité des Reliques. (*Réimpr. de l'éd. de 1599*) Gen., Revillod et Fick. *8.*

* Die Bergpredigt unsres Herrn. Deutsch bearbeitet durch E. Matthieu. Berl., Plahn. *8.*

1864

* Calvin d'après Calvin. Fragments extraits des oeuvres françaises du réformateur, par Viguet et Tissot. Gen. *8.*

* Pensées de Calvin. Gen., .Gruaz. *8.*

* Commentarii in omnes epp. N. T. Ed. Tholuck. 4 t. — 1865. Berlin, Eichler. *8.*

1865

Institutie of onderwysinge in de christ. Godsdienst, naar de uitgave Baum, Cunitz, Reuss. Vert. door Wyenberg onder toezicht van de Cock. Kampen, Zalsman. *8 maior.*

1866

The Catechism of Geneva. [*H. Bonar: Catechisms of the Scotch Reformation. Lond. p. 4—88.*]

Lettres. [*A. L. Herminjard: Correspondance des réformateurs dans les pays de langue française. 9 t. — 1897. Gen. Georg.*]

De evangeliën van Mattheus, Markus en Lukas. Uit het Latijn onder toezicht van A. Brummelkamp. 3 t. — 1874. Kampen, Zalsman. *8.*

* Die Geburts- und Kindheitsgeschichte Jesu Christi. Deutsch von E. Matthieu. Cleveland. *8.*

1867

Vergaderinghe ghehouden in de kercke van Geneven door J. Calvinum. In welcke de materie van de eeuwige Verkiesinghe Gods . . is voorgestelt. In't Fransch anno 1562 uitghegeven ende door Conr. Mirkinium overgheset. Nieuwe onveranderde uitgave. Goes, de Jonge. *8 min.*

1869
*Institutio religionis christianae. Ed. ex Corp. Ref. recusa. Tom. XXIX. XXX. 2 t. Brunsv., Schwetschke et fil. *4.*

1870
Treatise of Relics from the French. Edinb., Hamilton. *12.*
Büchlein über das Abendmahl, bearbeitet von H. A. Mühlmeier. Cleveland. *8.*

1876
Brieven. Met ophelderende aanteekeningen naar der uitgave van J. Bonnet, door F. J. P. Moquette. — 1878. Sneek, J. Campen. *8 maior.*

1878
* Le catéchisme français de C. publié en 1537; suivi de la plus ancienne confession de foi de l'église de Genève; avec deux notices par A. Rilliet et Th. Dufour. Gen., Georg. *12.*

1879
Catechismulu Calvinescu impusu cleruliu si poporuliu romanescu sub domnia principilorum Georgiu Kakoczy . . . dupa editiunea 1656, si de unu glossariu de G. Baritiu. Sibiiu. *8.* (*lingua daco-romana*)
Brief aan den Koning van Frankrijk, vert. 1610. Gouda, Maaskant. *8.*

1880
The necessity of reformation of the church. Transl. by Beveridge. Philad. *12.*

1881
* La vraie façon de réformer l'Eglise chrestienne et appointer les différens qui sont en icelle. (*Réimpr. fac-simile de l'éd. de Rebul 1559*) Anduze, Castagnier. *12.*

Een zeer schoon ende profitelick tractaet van de ergernissen, naar de Amst. uitgave by Cloppenburch. (*ed. 1598*) Utrecht, Kemmer. *8 min.*

1883

La vraye façon de reformer l'Eglise chrestienne et appointer les differens ... Ed. Rebul 1559. Paris, Fischbacher. *16.*

1884

Vorrede zu Calvins Genesis. Uebers. von K. [*Ref. Kirchenzeitung. Erl., p. 161—166. 177—181.*]

1886

Briefe von Calvin. [*Ref. Kirchenzeitung. Erl., passim p. 742—745.*]

1887

* Christliche Glaubenslehre, nach der Ausg. von 1536, übers. von B. Spiess. Wiesb., Limbarth. *8.*

Briefe von Calvin. [*Ref. Kirchenzitung. Erl. p. 103—105.*]

1888

Institution de la religion chrétienne, revue et corrigée sur l'éd. de 1560 par Frank Baumgartner. 2 t. Gen., Béroud. *8.*

Uitleging op de zendbrieven naar de overzetting van J. D., J. F. en J. R., door A. M. Donner. — 1891. Leiden, D. Donner. *8 maior.*

1889

* Institutie ofte onderwijsinghe in de christelijke religie, overg. door W. Corsmannus, met een inleiding door A. Kuyper. (ed. 1650) Doesburg, van Schenk Brill. *fol.*

Institutie of onderwijzing in de christelijke Godsdienst. Op nieuw uit het Latyn, naar de uitgave door Baum, Cunitz en Reuss. — 1891. Kampen, Zalsman. *8.*

1890

Uytlegghinge op den Evangelist Johannes (*ed. 1625*), met noten door M. Franssen. Utrecht, ten Hoove. *8.*

1891

Briefe Calvins, übersetzt von Marta von Born. [*Ref. Kirchenzeitung. Erl., passim S. 229—413.*]

* In Novum Testamentum Commentarii. Harmonia evangelica. Ex Corp. Ref. Tom. LXXIII separatim editi. 2 t. Brunsv., Schwetschke et fil. *8.*

1892

Commentaires sur le Nouveau Testament. 4 t. — 1895. Toulouse, Soc. des livres rel. *8.*

1894

Uitleging op de Psalmen uit het Latijn vert. door J. H. Feringa en H. Franssen. Utrecht. *8.*

De evangeliën von Mattheus, Markus en Lucas. (*ed. 1866*) Kampen, Zalsman. *8.*

1896

L'Excuse de noble Seigneur Jacques de Bourgogne. (ed. 1548) Introduction de Alf. Cartier. Paris, Lemerre. *8.*

Bohemica translatio Institutionis. Pardiubitz, Koblik. *8.*

1897

De offerande van Abraham. Drie preeken uit het Fransch vertaald en met eene hist. inleiding voorzien door C. van Proosdij. Leiden, Donner. *8.*

* La Bible française de Calvin. Extr. du Corp. Ref. Tom. LXXXIV. LXXXV. 2 t. Brunsw., Schwetschke et fils. *8.*

Tom. LVI. LVII.

Catéchisme des églises réformées de France. Toulouse. Soc. des livres rel. *8.*

1898

De Handelingen der Apostelen, naar de uitgave van het Corp. ref. door G. Wielenga. Kampen, Kok. *8 maior.*

Uitlegging op de profetieen van den profeet Jesaja, uit het Latijn vert. en bew. door L. W. van Deventer en Gravenmejer. Utrecht, ten Hoove. *8 maior.*

1899

Het boek Genesis. Uit het Latijn naar de uitgave van Baum, Cunitz en Reuss ... overgezet door S. O. Los met eene inleiding van H. Bavinck. Middelb., le Cointre. *8.*

In eis libris, de quibus notae bibliographicae desunt, auctoritatem Pauli Henry *(Das Leben Johann Calvins, Hamb. 1844. III. p. 175—252.) secutus sum. Libri, quos ipse non vidi, vel ex notis ab* Eduardo Reuss *relictis, vel ex descriptione ab amicis bibliothecariisque liberaliter mihi communicata, in hunc catalogum recepti sunt.*

EDITIONES SINE MENTIONE ANNI.

Calvins institutes of the christian religion with brief and sound answers to te objections of adversaries condensed in to Latin by W. Lawne 1583, transl. into english by C. Fetherstone 1586. London. *24.*

* La forme des prierese (*sic*) ecclesiastiques avec la maniere d'administrer les sacremens et celebrer le Mariage, et la visitation des malades — Confession de foy faite d'un commun accord . . . *12.*

A faythful and most godly treatyse concernynge the most sacred sacrament of the blessed body and bloude of our Saviour Christ. (Lond. 1550?) *12.*

The commentaries upon te first epistle of S. John and upon the epistle of Jude, transl. by W. H. Lond., Kyngstone. (1560?) *8.*

Catechismus oder kurtzer unterricht christlicher Lehr Herren Johannis Calvini, weiland Dieneren des Worts Gottes in der Kirchen zu Genff. Aus der Lateinischen und Frantzösischen Sprach in die Teutsche übergesetzt. (*Bibl. Winterthur*)

EDITIONES DUBIAE.

Institution de la religion chrétienne. Gen., Girard. 1543.—1558. Lion, Haultin. 1562.—1564. *fol.* 1566. *4.* —1619. *4.*

Institutio religionis christianae. 1582. *8.* —1585. *fol.* Vide quoque *Opp. Calvini. Tom. I. Proll. p. XLIV.*

De vitandis superstitionibus. (*Translatio belgica, quae supra ad annum 1549 falso citata est.*)

De Scandalis. 1558.

Accord touchant les sacremens. 1560.

Deux Congrégations. 1566.

De la Providence. 1569.

Commentarii in libr. Psalmorum. 1572. Gen., 1660.

Commentaire sur le livre des Psaumes. 1653.

Leçons sur le livre de Daniel. Gen., 1563.

Praelectiones in Danielem. 1563. 1576. 1657. 1683.
Praelectiones in duodecim prophetas minores. 1561. *fol.*
Concordance des Evangiles. Gen., 1558.
Harmonia ex tribus Evangelistis. Gen., 1584.
Les épitres aux Thessaloniciens. 1540 *vel* 1550.
Commentarii in epp. ad Thess., Tim., Tit. 1565.
Commentarii in Epp. 1561. *4.*

De his editionibus, quae in schedis Eduardi Reuss notatae sunt, nihil certi explorare potui. Translatio quaedam graeca Institutionis, quam Dorn in Bibl. theol. crit., t. II, p. 784, Francofurti ad M. 1618 editam esse dicit, nullis in bibliothecis neque Occidentis neque Orientis, quas adii, exstat.

CATALOGUS
OPERUM QUAE SUNT
DE CALVINO
SYSTEMATICUS ET ALPHABETICUS.

CATALOGUS SYSTEMATICUS.

Enumerantur omnia scripta quae de Calvino proprie agunt, aut separatim edita aut libellis miscellaneis et periodicis inserta, quaecumque vel minoris momenti reperire potui. Ex historiis ecclesiae, dogmatum et litterarum, lexicis biographicis, opusculis polemicis et apologeticis, recensionibus ea tantum afferuntur, quae quavis de causa commemoratione digna esse videantur. Forma librorum, nisi alia indicatur, octonaria est.

SIGNA ABBREVIATIONUM.

Bull. = Bulletin de la Société de l'histoire du protestantisme français. Paris.
C. sive J. C. (K.) = Calvin.
Diss. = Dissertatio academica.
Ed. = Editio.
Éff. = Effigies Calvini.
Rec. = Recensio.
Rev. = Revue. Review.
Rev. chrét. = Revue chrétienne. Paris.
Transl. = Translatio.

CATALOGI LIBRORUM DE CALVINO EDITORUM. RECENSIONES.

1. **Senebier, J.** Auteurs à consulter sur la vie de C. [Hist. littéraire de Genève. Gen. 1786. p. 260-265.]
2. **Henry, P.** C.'s Geschichtschreiber. [Das Leben J. C.'s. Hamb. 1835. I. Beil. S. 3-32.]
3. **Schaff, Ph.** Literature on C. [History of the christian church. New-York 1892. Edinb. 1893. VII. p. 223-231.]

4. **Geyser, N.** Calviniana. [Lit. Beilage der ref. Kirchenzeitung. Berl. 1894. S. 9-10.]
5. **Bonnet, L.** Les juges de C. [Rev. chrét. 1854. p. 712-739.]
6. **Zahn, Ad.** Studien über J. C. Die Urteile katholischer und protestantischer Historiker im 19. Jahrh. über den Reformator. Gütersloh 1884. 119 S.
   Rec. Lang. Ref. Kirchenzeitung. Erl. 1897. S. 41-44. 4.
7. **C.'s** Leben und Werke. [Kirchenblatt für die ref. Schweiz. Zürich 1864. S. 7-8. 14-16. 23-24. — 1865. S. 178-180.]
8. **Schott, Th.** (Calviniana) [Zeitschrift für Kirchengeschichte. Gotha 1877. S. 419-425.]
9. **Stähelin, Rud.** (Calviniana) [*ibid.* 1879. S. 573-585. — 1884. S. 455-474.]
10. **Weiss, N.** (Notes) [Bull. 1891. p. 496-500. — 1893. p. 542-554. — 1894. p. 106-112. — 1898. p. 44-51. 156-163.]
11. **Biesterveld, B.** C.'s Biographie. [Tijdschrift voor gereformeerde Theologie. Kampen 1899. I. p. 8-12.]
12. **Keizer, G.** Herleving van de Studiën over C. en de Fransch-Zwitschersche Reformatie. [*ibid.* p. 213-241.]

COLLECTIONES EPISTOLARES. HISTORIAE ECCLESIASTICAE.

13. **Herminjard, A. L.** Correspondance des réformateurs dans les pays de langue française. Gen. 1866-1897. 9 vol.
    Rec. Vulliemin. Rev. chrét. 1872. p. 240-264. 634-641.
14. **Bonnet, J.** Lettres françaises de J. C. Paris 1854. 2 vol.
    Transl. Letters of J. C. I. II. by Constable. Edinb. 1855; III. IV. by Gilchrist. Phil. 1858. — Door Moquette. Sneek 1878.

15. **Baum, Cunitz, Reuss.** Thesaurus epistolicus Calvinianus. Opp. Calvini. X-XX. *Ed.* Brunsvigensis. 1871-1879.

---

16. **Hagenbach, K. K.** Kirchengeschichte in Vorlesungen. 5. *ed.* Leipz. 1887. III.
17. **Herzog, J. J.** Abriss der gesammten Kirchengeschichte. Erl. 1882. — Leipz. 1892.
18. **Hase, K.** Kirchengeschichte auf der Grundlage akademischer Vorlesungen. Leipz. 1891. III.
19. **Möller, W.** (Kawerau) Lehrbuch der Kirchengeschichte. Freib. 1894.—1899. III.
    Transl. Freese, Hist. of the christian church. New-York 1900.
20. **Merle d'Aubigné, J. H.** Histoire de la réformation en Europe au temps de C. Paris. 1863-1878.
    Transl. Geschichte der Reformation in Europa zu den Zeiten C.'s. Elb. 1863-1866. — History of the Reformation in Europa in the time of C. Lond. 1863. — New-York 1870-1879. — Geschiedeniss der Hervorming in Europa ten tyde van C. Rott. 1863.
21. **Merle d'Aubigné, J. H.** Histoire de la réformation du 16ᵉ siècle. Paris 1860-1862. — 1877.
    Transl. Runkel, Geschichte der Reformation des 16. Jahrh. Stuttg. 1861. — Elb. 1863. — De sextonde iarhundradetz reformations historia. Stockholm 1863.
22. **Scott, J.** C. and the Swiss Reformation. [Milner's Church History. Lond. 1833. p. 320-404.]
23. **Blackburn, W. M.** [History of the christian church. Cincinnati 1879. p. 428-457.]
24. **Haar, B. ter** De geschiedenis der Kerkhervorming in tafereelen. 's Grav. 1844. — Amst. 1846. p. 33-94. — Amst. 1854. p. 208-240.
    Transl. Gross, Die Reformationsgeschichte in Schilderungen. Gotha 1856. S. 21-64.

SCRIPTA VITAM CALVINI GENERALITER ILLUSTRANTIA.

25. **Bèze, Th. de** Discours contenant en brief l'histoire et mort de Maistre J. C. Gen. 1564. *fol.*

    Transl. Garnerius, De Calvini morbo et obitu. Gen. 1564.

26. **Bèze, Th. de** (N. Colladon) L'histoire de la vie et mort de feu M. J. C. Gen. 1565. *16.* — Lyon 1565. — Gen. 1657.—1681. — *Ed.* Franklin. Paris 1864.—1869.

    Transl. Zacharias Ursinus, Leben und christlicher Abschied von J. C. Heidelb. 1565. *4.* — Auleander, Historie vom Leben und Abschied C.'s. Altona 1661. *16.* — C. W. K., Warhafte Beschreibung vom ganzen Leben und Ableben C.'s. Hanau 1671. — Volkmann, Calvini Lebens- und Todesbeschreibung. Cassel 1706. *4.*

27. **Beza, Th.** Vita Calvini. Laus. 1575. *fol.* — Gen. 1595. *fol.* — Amst. 1650. *fol.* — Lugd. Bat. 1654. *fol.* — Berol. 1841. *4.* — Güstrow 1862.

    Transl. Life and death of J. C. Lond. 1565. *4.* — The History of the life, actions, doctrine of C. 1577. — Beveridge, C.'s life. (Transl. Soc. Edinb. 1844. II.) — Lavater, Leven en doot van C. Leyden 1601. — Amst. 1650. — M. E., Leven ende doot. Delft 1614. *4.* — Amst. 1739. — 't Leven en sterven van J. C. [Institutie, *ed.* Kuyper. Doesburg 1889.]

28. **Baens, R.** De vita, fide et morte J. Calvini. Heid. 1565.

29. **Adam, Melchior.** Vita Calvini. [Vitae theologorum. Francof. 1618. p. 63-113.]

    Transl. Steiner, Lebensbeschreibungen. Frankf. 1618. II. p. 83-98.

30. **Teissier, A. C.** [Les Eloges des hommes savants. Utrecht 1696. I. p. 227-237. — Leyde 1715. II. p. 132-159.]

— 75 —

31. **Bayle, P.** C. [Dictionnaire historique et critique. Rott. 1696. — 6. *ed.* Bâle 1741. II. 13-24. *fol.*]
Transl. Schmidt, Lebensbeschreibung C.'s. Hann. 1732. — Gottsched, Hist. und kritisches Wörterbuch. Leipz. 1741. — A general dictionnary hist. and critical. Lond. 1734.

32. **(Hoffmann, G.)** Curieuser Geschichtskalender oder kurtzes Zeitregister über das Leben ... des gottseligen Theologen J. C. Halle 1698. 98 S. *16.*

33. **Uhse, E.** C. [Leben der berühmtesten Kirchenlehrer und Scribenten des 16. und 17. Jahrh. (*Eff.*) Leipz. 1710-1714. S. 98-101.]

34. C. [Afbeeldingen en Levensbeschryvingen van eenige voorname Personen, Hervormers ... Leeuwarden 1755.]

35. **Middleton, J.** C., the evangelical reformer. [Biographia Evangelica. Lond. 1779. II. p. 1-60.]

36. **Senebier, J.** C. [Histoire littéraire de Genève. Gen. 1786. I. p. 177-248. — Almanach des Protestants. Paris 1809. *16.*]
Transl. Ziegenbein, Leben C.'s mit Anmerkungen u. Zusätzen. Hamb. 1789.

37. **Tischer, J. F. W.** Leben, Meinungen u. Thaten C.'s. Leipz. 1794. 204 S. *16.* — 1798. 152 S. *16.*
Transl. Het leven, de gevoelens en de bedrijven van C. Utrecht 1796.

38. **Meister, L.** C. [Helvetiens berühmte Männer in Bildnissen. (*Eff.*) Zürich 1799. I. S. 110-124.]

39. **Wagner, G. H. A.** C. [Lebensbeschreibungen der Reformatoren. Leipz. 1801.]

40. **Mackenzie, J.** Memoirs of the life and writings of J. C. (*Eff.*) Lond. 1809. 396 p. — 1818. 407 p. — Philad. 1823. — 1827. 320 p. *16.*

41. **Waterman, E. J.** Memoirs of the life and writings of J. C. Hartf. 1813. p. 1-232.

42. **Marron, P. H.** J. C. Notice biographique. (Nimes) 1814. 12 p.

43. **Rotermund, H.** C. [Erneuertes Andenken der Männer, die für und gegen die Reformation Lutheri gearbeitet haben. Bremen 1818. S. 129-142.]

44. **Guizot, F. P. G.** Vie de C. [Musée des protestants célèbres. (*Eff.*) Paris 1822. II, 2. p. 42-119.]
    Transl. Runkel, J. C. Ein Lebensbild. Hamb. 1847. — Leipz. 1850. 68 S.

45. **Meyer von Knonau,** C. [Ersch und Gruber: Allg. Encyclopädie der Wissenschaften und Künste. Leipz. 1825. XIV. 169-178. *4.*]

46. **Scheler, S.** Das Reformatoren-Kleeblatt oder Luther, Zwingli und C. Bern 1828. S. 35-48.

47. C. [Les quatre réformateurs de Genève. Notice, Anecdotes curieuses. Paris 1830. p. 5-28. 67-99. *16.*]

48. Life of C. [Lives of eminent Reformers. Lond. 1832. p. 229-360.]

49. **Neijningen, H. van** Het leven en werk van J. C. [Tafereelen uit de Geschiedenis der christelijke kerk. s' Grav. 1833. p. 283-292. *4.*]

50. **Henry, P.** Das Leben J. C.'s, des grossen Reformators. Hamb. 1835-1844. I. 502 S. II. 644 S. III. 872 S.
    Transl. Stebbing, Life and time of C. Lond. 1849. — New-York 1851.—1854. 2 *vol.* — Huët, Het leven van J. C., den grooten hervormer. Rott. 1847.—1856. 2 *vol.* — Goudschaal, Gods leidingen mit C. Eene verhandeling voor het volk, uit P. Henry. Windschoten 1850.—1853. *16.*
    Rec. Journal of sacred litterature. Lond. 1851. p. 162-172. — The quarterly Review. Lond. 1851. p. 529-564.

51. **Haag, E.** Vie de C., à l'usage des écoles protestantes. Paris 1840. 283 p. *16.*

52. **Audin, V.** Histoire de la vie, des ouvrages et des doctrines de C. (*Eff.*) Paris 1841. I. 534 p. II. 508 p. — 1843. — 1845. — 1850. — 1856. — 1873.

Transl. Gill, Life of C. Lond. 1843.—1850. — **Egger**, Geschichte des Lebens, der Lehren und Schriften C.'s. Augsb. 1843. I. 376 S. II. 354 S. — Storia della vita, di opere e di dottrine di Calvino. [Pirotta: Bibl. eccl. Milano 1843. IX. X.]

53. **Schaefer, W.** C. [Galerie der Reformatoren der christlichen Kirche ... Meissen 1841. IV. p. 347-366.]

54. **Böttiger, C. W.** C. [Die Weltgeschichte in Biographien. Berl. 1842. V. S. 122-128.]

55. **B—EP.** [Michaud: Biographie universelle. Paris 1843. VI. 434-440. *8 maior.*]

56. **Herzog, J. J.** C., eine biographische Skizze. Basel 1843—1868. 45 S.

57. **Robbins, D. C.** Life of J. C. [Bibliotheca sacra. Lond. 1845. II. p. 329-356. 489-527. 710-756. *secundum Henry.*]

58. **Henry, P.** Das Leben J. C.'s. Ein Zeugniss für die Wahrheit. (*Eff.*) Hamb. 1846. 498 S.

59. **Westermeier.** Das Leben von J. C. [Gesch. der christlichen Kirche. Halle 1846. IV. S. 50-104.]

60. **Dyer, Th. H.** The life of J. C. (*Eff.*) Lond. 1849. 560 p. — New-York 1851. *16.*
    Rec. North British Review. Edinb. 1850. p. 85-116.

61. **Haag, E.** C. [La France protestante. Paris 1852. III. 109-162. *8 maior.*]

62. **Henry, P.** J. C. [Piper: Evangelischer Kalender. Berl. 1853. S. 164-177: — *Ed.* Zeugen der Wahrheit. Leipz. 1874. III. S. 738-751.]

63. **Herzog, J. J.** C. [Herzog: Real-Encyklopädie für prot. Theologie und Kirche. Stuttg. 1854. II. 511-538. *8 maior.*]

64. **Joubert, Léo.** C. [Hoefer: Nouvelle biographie universelle. Paris 1854. VIII. 262-277. *8 maior.*]

65. **Schenkel, D.** J. C. [Die Reformatoren und die Reformation. Wiesb. 1856. S. 106-154.]
   Transl. Diest Lorgion, De Hervormers en de hervorming. Gron. 1857.
66. C. Westheim 1857. 176 S.
67. **Smith, H. B.** J. C. [Appleton: American Cyclopoedia. New-York 1859. IV. 281-288. *4 maior.*]
68. Leben des J. C. Stuttg. 1860. 72 S. *16.*
69. **Würkert, L.** C. [Der Bau und die Bauleute oder die Reformatoren. (*Eff.*) Leipz. 1861. S. 446-452. *4 maior.*]
70. **Puaux, F.** C. [Galerie des personnages célèbres qui ont figuré dans l'hist. du protestantisme français. Strasb. 1862. I. p. 128-144.]
71. **Rossignol, F.** C. [Portraits-biographies. (*Eff.*) Paris 1862. I. p. 5-19.]
72. **Sigwart, Chr.** C. [Die vier Reformatoren . . . Stuttg. 1862.]
73. **Bungener, Fél.** C., sa vie, son oeuvre et ses écrits. Paris 1862. 515 p. — 1863. 468 p.
   Rec. Bastie. L'Espérance. Paris 1862. p. 404-405. 411-414. — Campredon. Le Lien. Paris 1862. p. 377-379. 386-388. — Rosseeuw St. Hilaire. Rev. chrét. 1862. p. 745-753. — Theol. Tidskrift. Kjöbenh. 1867. p. 115-137.
   Transl. C., sein Leben, sein Wirken und seine Schriften. Leipz. 1863. 423 S. — Hasebroek, K., zyn leven, zyn werk en zyne geschriften. Amst. 1863. 302 p. — C., his life, his labours and his writings. Edinb. 1863. 349 p. — Arlaud, C., hans Liv, hans Gjerning, hans Skrifter. (*Eff.*) Kjöbenh. 1877.
74. **Bungener, Fél.** C. Quelques pages pour la jeunesse. Paris 1864. 70 p.
   Transl. Oostmeier, C. als hervormer aan de Kindern vorgestellt. Amst. 1864. 67 p. — 1866. 30 p. — Blackburn, Life of J. C. for young persons. Lond. 1864.
75. **Goguel, G.** Le réformateur de la France et de Genève, J. C. (*Eff.*) Toul. 1863. 391 p.

76. **Stähelin, E.** J. C.'s Leben und ausgewählte Schriften Elb. 1863. I. 644 S. II. 479 S.

77. **Strack, K.** C. [Reformationsgeschichte in vergleichender Lebensbeschreibung der vier Hauptreformatoren ... Leipz. 1863. S. 242-273. 288-303.]

78. **Diehl, K.** v. J. K., Teolog i Reformator. [Zwiastun Ewangeliczny. Warszawa 1864-1865 (*lingua polonica*)]

79. **Klemme, F.** Das Leben J. C.'s. Hamb. 1864. 50 S.

80. **Nied, E.** Das Leben C.'s. Strassb. 1864. 16 S.

81. **Pressel, P.** J. C., ein evangelisches Lebensbild. (*Eff.*) Elb. 1864. 264 S.

82. **Puaux, F.** Vie de C. (*Eff.*) Strasb. 1864. 176 p.
Transl. Looman, Het leven von J. C. Amst. 1869.

83. **Révész, E.** Kálvin élete. (*Eff.*) Pest 1864. 334 p. (*lingua hungarica*)

84. **Thelemann, O.** C.'s Leben. Barmen 1864. — 1881. — 1894. 104 S. *16.*

85. **Whately.** The life of J. C., the man of Geneva, for young persons. Lond. 1864. 213 p. *16.*

86. **C.** [Larousse: Grand dictionnaire universel du 19ᵉ s. Paris 1867. III. 186-188. *4 maior.*]

87. **Kampschulte, F. W.** J. C., seine Kirche und sein Staat in Genf. Leipz. I. 1869. 493 S. II. 1899. 401 S.
Rec. Gillet. Ev. ref. Kirchenzeitung. Detmold 1869. S. 225-241. — Köhler. Theol. Literaturzeitung. 1900. S. 400-403.

88. **Braune, K.** C. [Die Reformation und die drei Reformatoren. Gotha 1873. S. 255-331.]

89. **Guizot, F. P. G.** C. [La vie de quatre grands chrétiens, St. Louis. Calvin. Paris 1873. p. 149-376.]
Rec. Pécaut. La Libre Recherche. Paris 1875. p. 55-62.
Transl. C. Great christians of France. Saint Louis and C. New-York 1881.

90. **Roget, A.** C. [Secretan: Galerie suisse. Biographies nationales. Laus. 1873. p. 313-328.]
91. **Werner, A.** C. [Helden der christlichen Kirche. (*Eff.*) 1874. S. 252-265. — 1899. S. 195-204. *4.*]
92. **Wylie, J. A.** The Hist. of Protestantism. (*Eff.*) Lond. 1874-1877.
    Transl. Hofstede de Groot, De Geschiedenis van het Protestantisme. (*Eff.*) Amst. 1878. II. p. 341-687. *4.*
93. **Abelous.** J. C. [Les Pères de la Réformation. Paris 1876. p. 185-308.]
94. **W. L. A.** C. [Encycl. britannica. Edinb. 1876. IV. 714-721. *4 maior.*]
95. **Dardier, Ch.** C. le réformateur. [Lichtenberger: Encycl. des sciences religieuses. Paris 1877. II. 529-545. *4 maior.*]
96. **Hoff, G. A.** Vie de J. C. Paris 1877. 348 p.
97. **Herzog, J. J.** C. [Herzog-Plitt: Realencyklopädie für prot. Theologie und Kirche. Leipz. 1878. III. 77-106.]
98. **Baum, Cunitz, Reuss.** Annales Calviniani. [Opp. Calvini. *Ed.* Brunsvigensis. 1879. XXI. p. 181-818.]
99. **Bordier, H. L.** C. [La France protestante. 2. *ed.* Paris 1881. III. 508-639.]
100. **Eigeman, J.** J. C., zijn leven, lotgevallen en dood. Leid. 1881. 124 p.
101. **Zöpffel, R.** C. [Holtzmann-Zöpffel: Lexikon für Theologie und Kirchenwesen. Leipz. 1882. — 1888. 110-113.]
102. **Funk.** C. [Wetzer und Welte: Kirchenlexikon. Freib. 1883. II. 1728-1744. *8 maior.*]
103. **Langhans, Ed.** C. [Schweizerische Reformblätter. Bern 1884. S. 177-181. 185-190. 193-197. 201-206. 209-214. — *Ed.* C. und die Reformation von Genf. Bern 1888.]

104. **Radford, Th. J.** J. C., the reformer of Geneva. [Short biographies for the people. Lond. 1884.]
105. **Lawson, Th.** The life of J. C. Lond. 1885.
106. J. C. Barmen 1887. 27 S. *16.*
107. **(Kruijswijk, P. N.)** Een uitverkoren vat; het leven van J. C.; voorede van Ploos. Amst. 1888. 224 p. *16.*
108. **Tollin, H.** C. [Deutsche Encyklopädie. Berl. 1889. III. 376-380. *4 maior.*]
109. **Lefranc, A.** C. [La Grande Encyclopédie. Paris 1889. VIII. 1011-1017. *4 maior.*]
110. **Porozowski, B. D.** J. K. Jewo zizn i reformatorskaja dietelnost'. Biografiezesky oczerk. Kopozobekzu 1891. 104 p. *8 min.* (*lingua russica*)
111. **Schaff, Ph.** J. C. and his work. [Hist. of the christian church. (*Eff.*) New-York 1892. Edinb. 1893. VII. p. 257-875.]
112. **Jancsó, K.** Kalvin János élete és egyházpolitikaja. Nagy Enyed 1894. 116 p. (*lingua hungarica*)
113. **Stähelin, R.** C. [Herzog-Hauck: Realencyklopädie für prot. Theol. u. Kirche. Leipz. 1897. III. 654-683.]
114. **Nielsen, Fr.** C. [Kirkeleksikon for Norden. Kjöbenh. 1898. I. 449-460. *lingua danica.*]
115. **Doumergue, E.** J. C., les hommes et les choses de son temps. (*Eff.*) Laus. 1899. I. 634 p. *fol.* *Rec.* R. Reuss. Bull. 1899. p. 541-560. — E. J. Rev. de théol. et de philosophie. Lausanne 1899. p. 565-570. — A. Lang. Theol. Studien und Kritiken. Gotha 1900. S. 304-323. — Combe. La Liberté chrétienne. 1900. p. 41-47.

SCRIPTA QUAE AD SINGULAS VITAE CALVINI PARTES PERTINENT.

ADOLESCENTIA. CONVERSIO.

116. **Desmay, J.** Remarques sur la vie de J. C. hérésiarque, tirées des Régistres de Noyon. Rouen 1621. — 1657. — 1686. [Archives curieuses de l'histoire de France. Paris 1835. V. p. 387-398.]

117. **Levasseur, J.** Annales de l'église cathédrale de Noyon. Paris 1633. 4.

118. **Couard-Lys, E.** Documents inédits relatifs à C. [Bull. du comité des travaux historiques et scientifiques. Section d'hist. et de philologie. Paris 1884. p. 7-13.]

119. **Weiss, N.** La maison où est né C. à Noyon. [Bull. 1897. p. 371-377.]

120. **Lefranc, A.** Sur la jeunesse de C. et la réforme à Noyon d'après des documents inédits. [Bulletin du Cercle de Saint-Simon. Paris 1887. Déc. p. 7-13. 1888. Janv. p. 7-13.]

121. **Lefranc, A.** Etudes sur la jeunesse de C. et la réforme à Noyon. [Bull. 1888. p. 39-52. 92-107. 141-154.]

122. **Lefranc, A.** La jeunesse de C. Paris 1888. 230 p.

Rec. Weiss. Bull. 1888. p. 492-496. — Gerold. Le Progrès religieux. Strasb. 1888. p. 250-252. 258-260. 265-269. — Dardier. La Vie chrétienne. Nimes 1889. p. 65-75. — Heitz. Prot. Kirchenzeitung. 1888. S. 845-855. — Br. Ref. Kirchenzeitung. 1888. S. 63. 403-407. — Viguié. Rev. bleue. Paris 1889. p. 711-715. — Laugel. Nation. New-York 1889. p. 112-113. — Doumergue. Le Christianisme. 1889. p. 100-101. — Baguenault de Puchesse. Rev. du Monde latin. Paris. 1891. p. 199-207. — Drijber. Geloof en Vryheid.

Rott. 1891. p. 180-208. — Buisson. Rev. internationale d'enseignement. Paris 1892. I. p. 220-238.

123. **MacCrie, Th.** The early years of J. C. Edind. 1880. 199 p.
124. **Krummacher, H.** J. C.'s Jugendzeit. Barmen 1891. 47 S. *16.*
125. **Blackburn, W. B.** The college days of C. Philad. 1865. 156 p.
126. **Blackburn, W. B.** Young C. in Paris or the scholar and the cripple. Edinb. 1868. 216 p.
127. **Bonnet, J.** C. fut-il barbiste? [Bull. 1868. p. 555-558. — *Ed.* Nouveaux récits du 16° s. Paris 1870. p. 293-298.]
128. **Weiss, N.** Le dernier vestige du séjour de C. à Paris. [Bull. 1893. p. 546-548.]
129. **Doinel, J.** C. à Orléans. [Bull. 1877. p. 174-185. 1884. p. 95.]

---

130. **Bonnet, L.** Jeunesse et conversion de C. [Rev. chrét. 1855. p. 738-752.]
131. **P. B.** C.'s conversion. Rupture with Rome. [Evangelical Christendom. Lond. 1864. p. 110-116. 160-165.]
132. **Boegner, A.** Etude sur la jeunesse et la conversion de C. *Diss.* Mont. 1873. 75 p.
133. **Lecoultre, H.** La conversion de C. [Rev. de théol. et de philosophie. Laus. 1890. p. 5-30.] *Ed.* In Memoriam. Laus. 1894.
134. **Dalton, H.** C.'s Bekehrung. [Deutsche evang. Blätter. Halle 1893. S. 529-554.]
135. **Lang, A.** Die Bekehrung J. C.'s. [Studien zur Geschichte der Theologie und Kirche. Leipz. 1897. II. S. 1-57.]

Rec. R. Stähelin. Theol. Rundschau. Freib. i. B. 1898. S. 337-343. — Baur. Deutsche Literaturzeitung. Berl. 1899. S. 1051-1055. — Benrath. Theol. Literaturzeitung. Leipz. 1900. S. 345-347.

ITINERA.

136. **Crottet, A.** C. à Paris, Orléans, Angoulême, Ferrare... [Petite chronique protestante de France. Paris 1846. p. 57-71. 94-119.]

137. **Doumergue, E.** Nérac au temps de C. [Rev. chrét. 1897. p. 10-20.]

138. **Arnaud, E.** C. a-t-il été en Dauphiné? [Bull. 1898. p. 496-497.]

139. **Bonnet, L.** Second voyage dans le Midi. [Rev. chrét. 1857. p. 222-225.]

140. **Bonnet, L.** C. à Ferrare. [Rev. chrét. 1857. p. 471-481.]

141. **Stähelin, E.** C.'s Aufenthalt in Italien und sein Verhältniss zu der Herzogin von Ferrara. [Gelzer: Prot. Monatsblätter. Gotha 1859. S. 445-465.]

142. **Bonnet, J.** C. au val d'Aoste. [Bull. 1860. p. 160-168. — *Ed.* Récits du 16ᵉ s. Paris 1864. p. 23-74. *Transl.* Merschmann. [Lebensbilder aus der Reformationszeit. Berl. 1864.]

143. **Bonnet, J.** C. en Italie. [Bull. 1864. p. 183-192.]

144. **Rilliet, A.** Second voyage en Italie. [Lettre à Merle d'Aubigné sur deux points obscurs de la vie de C. Gen. 1864. p. 20-37.]

145. **Dardier, Ch.** Voyage de C. en Italie, Histoire et légende. [Etrennes chrétiennes. Gen. 1874. p. 214-250.]

— 85 —

146. **Schelcher, M.** War C. in Ferrara? [Zeitschrift für kirchliche Wissenschaft und kirchliches Leben. Leipz. 1885. S. 498-502.]
147. **Comba, E.** Calvino a Ferrara. [Rivista cristiana. Firenze 1885. p. 129-131. 161-170. 239-242.]
148. **Fontana, B.** Calvino a Ferrara. [Archivio della societa romana di storia patria. Roma 1885. p. 101-139.]
149. **Fontana, B.** Di Calvino a Ferrara. [Renata di Francia. Roma 1889. p. 283-333.]
150. **Lecoultre, H.** Le séjour de C. en Italie d'après des documents récents. [Rev. de théol. et de philosophie. Laus. 1886. p. 169-192. — In Memoriam.]
151. **Lecoultre, H.** Les Protestants de Ferrare en 1536. [*ibid.* 1891. p. 225-238. — 1892. p. 104-105. — In Memoriam.]
152. **Sandonnini, T.** Della venuta di Calvino in Italia. [Rivista storica Italiana. Torino 1887. p. 531-561.]
153. **Sandonnini, T.** Ancora del soggiorno di C. a Ferrara. Modena 1889.
154. **Bonnet, J.** C. à Ferrare. [Bull. 1892. p. 171-191.]
155. **Cornelius, C. A.** Der Besuch C.'s bei der Herzogin Renata von Ferrara im J. 1536. [Quidde: Deutsche Zeitschrift für Geschichtswissenschaft. Freiburg i. B. 1893. S. 203-222. — *Ed.* Hist. Arbeiten vornehmlich zur Reformationszeit. Leipz. 1899.]
156. **Doumergue, E.** C. à Ferrare. Voyage d'un Calviniste en Italie. [Le Signal. 1895. Août *ss.*]
157. **Rodocanachi, E.** [Renée de France, duchesse de Ferrare. Paris 1896.]
158. **Doumergue, E.** C. à Ferrare. [Le Foyer chrétien. Gen. 1897. p. 99-144.]

159. **Bonnet, L.** C. à Bâle. [Rev. chrét. 1857. p. 228-232.]

COMMORATIO ARGENTINENSIS.

160. **Röhrich, T. W.** Geschichte der Reformation im Elsass und besonders in Strassburg. Strassb. 1832. II. S. 66-70.
161. **Baum, J. W.** Capito und Butzer. Elberf. 1860. S. 523-524.
162. **Reuss, R.** Notes pour servir à l'histoire de l'Eglise française de Strasbourg. Strasb. 1880.
163. **Erichson, A.** L'Eglise française de Strasbourg au 16° s. Strasb. 1886.

164. **Schmidt, Ch.** C. à Strasbourg. [Le Lien. Paris. 1842. p. 5-6. 10-12. 18-20. 26-27. *fol.*]
165. **Viguié, A.** C. à Strasbourg. Paris 1880. 38 p. *16.*
166. **Berton, E.** L'Eglise de C. à Strasbourg 1538-1541. *Diss.* Mont. 1881. 48 p.
167. **Stricker, Ed.** J. C., als erster Pfarrer der reformirten Gemeinde zu Strassburg. Strassb. 1890. 65 S.
168. **Violet, B.** C.'s Aufenthalt in Strassburg. [Die Französische Kolonie. Berl. 1896. S. 69-73. 92-98. 114-119. *4.*]

RES GENEVAE GESTAE.

Vide: C. rerum ecclesiasticarum et civilium curator et rector.
169. **Ruchat, A.** Histoire de la réformation de la Suisse. Gen. 1728. V. VI. — 1740. *Ed.* Vulliemin. Nyon. 1837-1838. IV-VII.
170. **Vulliemin, L.** Histoire de la confédération suisse. Laus. 1877. II. p. 529-545.
 Rec. Vaucher. Anzeiger für schweiz. Geschichte. Bern 1893. S. 449-455.

Transl. Keller, Geschichte der schweizerischen Eidgenossenschaft. Aarau 1877. II. S. 57-66. — 1882. S. 312-321.

171. **Bloesch, E.** Geschichte der Schweizerischen reformirten Kirchen. Bern 1898. I.

---

172. **Gautier, J. A.** Histoire de Genève. *Ex Mss.* 1713. *Ed.* Gen. II. 1896. III. 1898. *4.*

173. **Spon, J.** Histoire de la ville et de l'estat de Genève. Utrecht 1685. p. 243-263. *16.* — Gen. 1730. I. p. 274-312. *4.*

174. **Galiffe, J. A.** Matériaux pour l'histoire de Genève. Gen. 1829. *2 vol.*

175. **Thourel, A.** Histoire de Genève. Gen. 1833. II. p. 169-261.

176. **Gaullieur, E. H.** Histoire de Genève. Gen. 1856. p. 31-74.

177. **(Jullien, J.)** Histoire de Genève racontée aux jeunes Genevois. Gen. 1865. I. p. 30-144. *16.*

178. **Roget, A.** Histoire du peuple de Genève depuis la Réforme jusqu'à l'Escalade. Gen. 1870-1883. *7 vol.*
Rec. Dardier. Revue historique. Paris 1878. p. 197-205. 1882. p. 438-448.

---

179. **Magnin, C. M.** Hist. de l'établissement de la réforme à Genève. Paris 1840.

180. **Gaberel, J.** Histoire de l'Eglise de Genève. Gen. I. 1853. II. 1855. — 1858.
Rec. Steeg. Le Disciple de Jésus-Christ. Paris 1864. p. 684-699. 737-754.

181. **Charpenne, P.** Histoire de la réforme et des réformateurs de Genève. Paris 1861. p. 267-572.

---

182. **Mignet, F. A.** Etablissement de la Réforme religieuse et constitution du Calvinisme à Genève. [Mémoires de l'Académie royale des sciences mo-

rales et politiques de l'Institut de France. Paris 1837. I. p. 201-364. *4. — Ed.* Notices et mémoires historiques. Paris 1843. p. 241-365.]

Transl. Stolz, Die Einführung der Reformation und die Verfassung des Calvinismus in Genf. Leipz. 1843. 231 S.

183. **Mörikofer, J. C.** Genf und C. [Bilder aus dem kirchlichen Leben der Schweiz. Leipz. 1864. 8. 263-291.]

184. **Steeg, J.** La Rome protestante. [Le Disciple de Jesus-Christ. Paris 1864. p. 684-699. 737-754.]

185. **Roget, A.** Les moeurs à Genève lors de l'arrivée de C. [Les Suisses et Genève ou l'émancipation de la communauté genevoise au 16ᵉ s. Gen. 1864. p. 268-280.]

186. **Roget, A.** L'Eglise et l'état à Genève du vivant de C. Etude d'histoire politico-ecclésiastique. [Bibliothèque universelle et Revue suisse. Gen. 1865. p. 313-328. 393-413. 746-759.] — *Ed.* Gen. 1867. 92 p.

Transl. Thelemann, Kirche und Staat in Genf zu Lebzeiten C.'s. [Ev. ref. Kirchenztg. 1872. S. 129-145. 161-179. 193-213.]

---

187. **Baum, J. W.** Theod. Beza. Leipz. 1843-1852.

188. **Proosdy, C.** Theod. Beza medearbeiter en opvolger van C. Leid. 1895. 347 p.

---

189. **Bonnet, L.** C. à Genève. [Rev. chrét. 1857. p. 481-484. 715-722. — 1858. p. 347-372.]

190. **Rilliet, A.** Notice sur le premier séjour de C. à Genève. [Le Catéchisme français de C. Gen. 1878. I-XCVIII. *16.*]

191. **Cornelius, C. A.** Die Verbannung C.'s aus Genf 1538. [Abhandlungen der Kön. Akademie. München

1886. 74 S. 4. — *Ed.* Hist. Arbeiten vornehmlich zur Reformationszeit. Leipz. 1899.]
Rec. Rev. de théol. et de phil. Laus. 1886. p. 523-526.

192. **Cornelius, C. A.** Die Rückkehr C.'s nach Genf. 1. Die Guillermins. [Abh. München 1888. 62 S.
Rec. Rev. de théol. et de phil. Laus. 1889. p. 93-96.
2. Die Artichauds. 3. Die Berufung. [Abh. 1889. S. 343-444. — Hist. Arb.]

193. **Cornelius, C. A.** Die Gründung der Calvinischen Kirchenverfassung in Genf 1541. [Abh. 1892. S. 251-289. — Hist. Arb.]

194. **Cornelius, C. A.** Die ersten Jahre der Kirche C.'s 1541-1546. [Abh. 1895. S. 245-332. — Hist. Arb.]

195. **Pierson, A.** Nieuwe Studiën. Amst. 1883. (K. en Caroli. p. 17-89. K.'s nederlaag in 1538. p. 90-149)
Rec. Hofstede de Groote. Geloof en Vryheid. 1884. p. 138-153. — Lohr. Theol. Tydschrift. 1885. p. 433-450.

196. **Pierson, A.** Studien over J. K. 1540-1542. Derde reeks. Amst. 1891. (K. naar Genève teruggeroepen. p. 1-42. en de troebelen te Neuchâtel. p. 43-83. de eerste maanden te Genève. p. 84-122. Caroli naar de nederlaag. p. 123-184)
Rec. Daubanton. Theol. Studiën. 1892. p. 77-80.

197. **Pierson, A.** Studien over J. K. Amst. 1881. (De omwenteling te Geneve voor K. p. 17-57. — K.'s Geloofsverandering. p. 58-109. K. in de eerste helft van 1536. p. 243-256)
Rec. Hofstede de Groote. Geloof en Vryheid. 1881. p. 177-204. 480-498.

198. **Heiz, J.** C.'s Verbannung aus Genf im Jahr 1538. [Prot. Kirchenzeitung 1886. S. 1173-1184.]

199. **Curious Anecdotes of C.** [Congregational Magazine. Lond. 1818. I. p. 423-689.]

200. **Zahn, A.** Die beiden letzten Lebensjahre von J. C. Leipz. 1895. 206 S. — Stuttg. 1898. 298 S.
201. **F. V.** La Mort de C. [La Croix. Paris 1864. p. 171-173. 178-182. 199-200. *fol.*]

---

202. **Trechsel, F.** Die protestantischen Antitrinitarier. Heidelb. 1839. 328 S.
203. **Cologny, L.** L'antitrinitarisme à Genève. Gen. 1873. 132 p.
204. **Dardier, Ch.** Les Libertins de Genève. [Encyclopédie des sciences religieuses. 1880. VIII. 244-269.]
205. **Jaujard, G.** Les Libertins spirituels de Genève. *Diss.* Paris 1890. 63 p.

---

206. **Fazy, H.** Procédures et documents du 16° s. 1546-1547. [Mém. de l'Institut national genevois. Gen. 1886. I. p. 5-141 (Gruet). — II. p. 3-70 (Favre, Perrin). *4.*]
207. **Galli, G.** Die Kirchenstrafen der calvinischen Kirche gegen Laien. [Die luth. und calv. Kirchenstrafen im Reformationszeitalter. Bresl. 1879. S. 149-280.]

---

208. **Fazy, H.** Procès de Bolsec. [Mém. de l'Institut national genevois. Gen. 1866. p. 1-74. *4.*]
209. **Brandes.** C. und Gruet. [Ref. Kirchenzeitung. 1887. S. 33-37.]
210. **Ritter, E.** Gruet. [Bull. de l'Inst. nat. genevois. Gen. 1897. p. 1-26.]
211. **Galiffe, J. B. G.** Quelques pages d'histoire exacte, soit les procès criminels intentés à Genève

en 1547 contre Perrin et Maigret. [Mém. de l'Inst. nat. genevois. 1862. p. 1-135. 4.]

212. **Rutty, J.** Ami Perrin et les Libertins de Genève 1541-1555. [Centralblatt der Zofingia. Basel 1868. S. 223-226. 243-262. 271-286. 327-342.]

213. **Cornelius, C. A.** C. und Perrin. [Hist. Arbeiten. S. 471-557.]

214. **Galiffe, J. G. B.** Nouvelles pages d'histoire exacte, soit le procès de P. Ameaux et ses incidents. 1546. [Mém. de l'Inst. nat. genevois. 1863. p. 1-116.]

215. **Fazy, H.** Procès de Gentilis et N. Gallo. [Mém. de l'Inst. nat. genevois. 1878. p. 1-102. 4.]
Rec. Roget. Bibl. universelle et Revue suisse. Laus. 1879. p. 565-569.

216. **Vuy, J.** Une procédure calviniste à Genève au 16° s. (Gentilis) [Rev. des questions historiques. Paris 1881. XXX. p. 569-577.]

217. **Comba, E.** Valentini Gentili un nuovo Serveto? [Rivista christiana. Firenze 1899. p. 20-25.]

---

218. **Artigny, A. d'** Mémoires pour servir à l'histoire de Servet. [Nouveaux mém. d'histoire, de critique et de littérature. Paris 1749. p. 55-154.]

219. **Rilliet, A.** Relation du procès criminel intenté à Genève en 1553 contre Servet. [Mém. et documents de la société d'histoire et d'archéologie de Genève. Gen. 1844. p. 1-160.]
Transl. Tweedie, C. and Servetus. Edinb. 1846.

220. **Saisset, E.** M. Servet, sa doctrine philosophique et religieuse, nouveaux documents sur son procès et sa mort. [Rev. des Deux Mondes. Paris 1848. p. 453-577. 634-659. — *Ed.* Mélanges d'histoire, de morale et de critique. Paris 1859. p. 117-227.]

221. **Drummond, W. H.** The life of M. Servetus, who was entrapped, imprisoned and burned by J. C. Lond. 1848. *16.*

222. **Eltester, H.** Servet's Hinrichtung und C.'s Betheiligung. [Prot. Kirchenzeitung. 1856. S. 73-90. *4.*]

223. **Sergy, P. de** Servet et le parti des Libertins. [Bull. 1858. VII. p. 9-12.]

224. Est-il vrai que C. ait dénoncé Servet à l'archevêque de Lyon? [Bull. 1858. VII. p. 225-227. — 1859. p. 499-505.]

225. **Barni, J.** M. Servet. [Les Martyrs de la libre pensée. Gen. 1862. p. 136-205.]

226. **S.** C. und Servet. [Prot. Kirchenzeitung. 1863. S. 328-335.]

227. **Brunnemann, K.** M. Servetus. Eine aktenmässige Darstellung des 1553 in Genf gegen ihn geführten Criminalprozesses. Berl. 1865. 30 S. *4.*

228. **Krummacher, H.** C. und Servet. [Daheim. Leipz. 1866. S. 66-68. 82-85. 101-103. *4 maior.*]

229. Zur Ehrenrettung Servet's. [Prot. Kirchenzeitung 1875. S. 931-935. — Reichsbote. Berl. 1875. No. 119.]

230. **Hofstede de Groote, C. P.** Servet's Sterfdag. [Geloof en Vryheid. Rott. 1876. p. 646-651.]

231. **Tollin, H.** Charakterbild M. Servet's. Berl. 1876. 48 S.

Transl. Simen, Servét Jellemrajza. Kolozsvàr 1878. 34 p. — Picheral-Dardier, M. Servet, portrait-caractère, avec une bibliographie et un appendice par Ch. Dardier. Paris 1879. 71 p.

232. **Tollin, H.** Servet's christologische Bestreiter. [Jahrbücher für prot. Theologie. Leipz. 1881. S. 284-291.]

233. **Willis, R.** Servet and C. Lond. 1877. 541 p.

234. **Dardier, Ch.** M. Servet d'après ses plus récents biographes. [Rev. historique. Paris 1879. p. 1-54.]

235. **Maier, R.** M. Servet. [Beilage zur Allg. Zeitung. Augsb. 1880. S. 3417-3419. 3434-3436. *4 maior.*]

236. **Sayn, E.** La tolérance de C. *Diss.* Mont. 1884. 52 p.

237. **Magnin, J. P.** Servet et C. Esquisse biographique. [Programm. Wiesb. 1886. S. 1-32.]

238. **Werdt, A. von** C. und Servede. [Centralblatt des Zofingervereines. Bern 1886. S. 326-338. 361-380.]

239. **Linde, A. v. d.** M. Servet, Een Brandopfer der gereformeerde Inquisitie. Gron. 1891. 325 p.
Rec. De Hoop Scheffer. De Gids. Amst. 1891. III. p. 259-292.

240. **Allen, J. H.** M. Servetus. [The New World. Boston 1892. p. 639-657.]

241. **Doumergue, E.** Le bûcher de Servet. [Le Christianisme au 19ᵉ s. Paris 1892. p. 211-212. *fol.*
Rec. Dardier. Le Protestant. Paris 1892. p. 247-249. 271-273. *4 maior.*

242. **Shields, C. W.** The trial of Servetus. [Presbyterian and reformed Rev. Philad. 1893. p. 353-389.]

243. **Schaff, Ph.** Servetus. [*ibid.* p. 5-54.]

---

244. **Mähly, J.** Seb. Castellio. Basel 1862. 151 p.

245. **Bonnet, J.** Séb. Castalion ou la tolérance au 16ᵉ s. [Bull. 1867. p. 465-480. 529-545. 1868. p. 2-15. 49-64. — Nouveaux récits du 16ᵉ s. 1870. p. 53-169.]

246. **Buisson, F.** Séb. Castellion, sa vie et son oeuvre. Paris 1892. 2 *vol.* *8 maior.*
Rec. Weiss. Bull. 1892. p. 209-213. — Grotz. La Vie chrét. 1892. p. 253-274. — Spiess. Monatshefte der Comenius-Gesellschaft. Berl. 1896. S. 185-209.

NEGOTIA EXTERNA.

247. **Hundeshagen, C. B.** Die Konflikte des Zwinglianismus, Lutherthums und Calvinismus in der bernischen Landeskirche von 1552-1558. Bern 1842. 440 S. [Trechsel's Beiträge zur Gesch. der Schweiz. ref. Kirche. Bern 1841.]

248. **Dunant, E.** Les relations politiques de Genève avec Berne et les Suisses de 1536 à 1564. Gen. 1894. p. 15-184.

249. **Bonnet, J.** Un magistrat bernois (Zurkinden). [Derniers récits du 16ᵉ s. Paris 1876. p. 25-69.]

---

250. Histoire ecclésiastique des églises réformées au royaume de France. Anv. 1580. — *Ed.* Toulouse 1882. — *Ed.* Baum-Cunitz. Paris 1883-1889. *3 vol.*

251. **Florimond de Raemond.** L'Histoire de la naissance, progrez et décadence de l'hérésie. Paris 1605.
Transl. Historia vom Ursprung und Abnehmen ... München 1614.

252. **Basnage, J.** Histoire de la religion des Eglises réformées. Rott. 1690. 1725.

253. **Félice, De** Histoire des protestants de France. Paris 1850. p. 48-58. — 1873. p. 49-59.

254. **Soldan, G. W.** Geschichte des Protestantismus in Frankreich. Leipz. 1855. I.

255. **Polenz, C. von** Geschichte des französischen Calvinismus. Gotha 1857. I. 1859. II.

256. **Puaux, F.** Histoire de la réformation française. Paris 1857. — 1859.

257. **Lutteroth, H.** La Réformation en France. Paris 1859. p. 21-71.

258. **Aguesse, L.** Histoire de l'établissement du protestantisme en France. Paris 1882. I. p. 185-195.

259. **Bonnet, L.** C. et François I. [Rev. chrét. 1856. p. 321-335. 384-403.]
260. **Mignet, F. A.** (C. et la Françe, d'après ses Lettres françaises) [Journal des Savants. Paris 1856. p. 717-735. 1857. p. 92-106. 155-173. 405-423. 469-481. 1858. p. 18-40. 1859. p. 147-165. 755-768. 1860. p. 95-112.]
261. **Bez, G.** Les luttes religieuses en France et C. d'après sa correspondance. *Diss.* Toul. 1887. 74 p.

---

262. **Krummacher, H.** C.'s Beziehungen zu Deutschland. Brandenb. 1864. — Halle 1897. 40 S.
263. **Pierson, A.** K. in Duitschland. [Nieuwe Studiën. Amst. 1883. p. 150-169.]
264. **Hergang, C. Th.** Das Religionsgespräch zu Regensburg im J. 1541. Cassel 1858.
265. **Pastor, L.** Die kirchlichen Reunionsbestrebungen während der Regierung Karl's V. Freib. i. B. 1879.
266. **Moses, R.** Die Religionsverhandlungen zu Hagenau und Worms 1540. 1541. Jena 1889.
267. **Vetter, R.** Die Religionsverhandlungen auf dem Reichstage zu Regensburg 1541. Jena 1889.

---

268. **Zahn, A.** C.'s Urtheile über Luther. [Theol. Studien aus Württemberg. Ludwigsb. 1883. S. 183-211. — Ref. Kirchenzeitung 1883. S. 433 *ss.*]
269. **Lang, A.** Luther und C. [Deutsch evang. Blätter. Halle 1896. S. 319-332.]
270. **Krücke, Th.** C.'s Stellung zu Luther. [Ref. Kirchenzeitung. 1898. S. 37. 44-46.]
271. **Stähelin, E.** Melanchthon und C. [*ibid.* 1860. S. 161-172. 177-185.]

272. **Lang, A.** Melanchthon und C. [*ibid.* 1897. S. 58-60. 67-68. 75-78. 81-85. 89-91. 97-99.]

273. **Schaff, Ph.** The friendship of C. and Melanchton. [Papers of the American Church History. New-York 1892. p. 143-163.]

---

274. **Groen van Prinsterer.** La Hollande et l'influence de C. La Haye 1864. 35 p.

275. **Montijn, C. G.** J. C. in zijnen invloed op de hervorming in de Nederlanden. [Geschiedenis der Hervorming in de N. Arnh. 1866. 1. p. 229-239.]

276. **Rutgers, F. L.** C.'s invloed op de reformatie in de Nederlanden voor zooveel die door hemzelven is uitgeoefend. Leid. 1899. 236 S.

277. **Pijper, F.** Jan Utenhove, zijn leven en zijne werken. Leid. 1883.

278. **Hoog, J. M. J.** Twee hervormers Angelus Merula en J. K. Amst. 1892. 70 p.

---

279. **Roget, A.** C. et les Eglises de Pologne. [Etrennes chrétiennes. Gen. 1884. p. 94-122.]

---

280. **Puaux, Fr.** Hist. de l'établissement des protestants français en Suède. Paris 1891.

281. **L(undström), H.** Några ord om Kalvins förhållande till Gustaf I och hans äldste son. [Kyrklig Tidskrift. Upsala 1895. p. 271-276. *lingua suecica.*]

VITA PRIVATA.

282. **Galiffe, J. A.** Notices généalogiques sur les familles genevoises. Gen. 1836. p. 106-113.

283. **Gaberel, J.** La vie intérieure de C. Jena 1862. 26 p. *16.*
284. **Gaberel, J.** La vie intime de C. [Souvenirs religieux. Toul. 1865. p. 273-293. *16.*]
285. **Gaberel, J.** La vie intime de C. [Séances et travaux de l'Académie des sciences morales et politiques. Paris 1885. p. 268-279.]
286. **Schaff, Ph.** C.'s life in his home. [Reformed Quarterly. Phil. 1892. p. 163 *ss.* 1893. p. 5 *ss.*]
287. **Lang, A.** Das häusliche Leben J. C.'s [Beilage zur Allg. Zeitung. München 1893. No. 137, S. 1-3. No. 138, S. 3-5. No. 140, S. 1-3. No. 142, S. 2-5. — *Ed.* München 1893. 40 S.]
288. **Roget, A.** Mariage de deux réformateurs. [Etrennes genevoises. Gen. 1879. p. 175-189.]
289. **Hausrath, A.** C.'s Verheirathung. [Kleine Schriften. Leipz. 1883. S. 245-249.]
290. **Ollier, D.** Le mariage de C. [Rev. chrét. 1892. II. p. 210-226.]

---

291. **Bonnet, J.** Idelette de Bure. [Bull. 1856 p. 636-646. — Etrennes chrétiennes. Gen. 1857. p. 104-123. — Récits du 16ᵉ s. p. 75-100.]
292. **Lenoir, D.** Eclaircissement sur le lieu d'origine d'Idelette de Bure. [Bull. 1860. p. 26-27.]
293. **Diethoff, E.** Id. von Büren. [Edle Frauen der Reformation. Leipz. 1875. S. 59-68.]
294. **Riggenbach, B.** Id. von Büren. [Frauengestalten aus der Geschichte des Reiches Gottes. Basel 1884. S. 129-131.]

---

295. **Bonnet, J.** Les Amitiés de C. [Bull. 1864. p. 89-96. — *ibid.* 1869. p. 257-268. 449-462. — Récits

du 16⁰ s. Paris 1864. p. 101-175. 319-352. *Transl.* Merschmann, Lebensbilder aus der Reformationszeit. Berl. 1864.]

---

296. **Heyer, Th.** De la demeure de C. à Genève. [Mém. et documents de la société d'histoire et d'archéologie de Genève. Gen. 1855. p. 391-402.]

297. **Gaberel, S^te·** La nouvelle rue de C. [Etrennes religieuses. Gen. 1887. p. 191-236.]

298. **Lorenz.** Wohnhaus C.'s in Genf. [Die Französische Colonie. Berl. 1894. No. 11.]

EFFIGIES.

299. **Köhler, J. D.** Karlstens Medaille auf C.'s Abbild. [Wöchentliche hist. Münzbelustigung. Nüremb. 1741. *4.*]

300. **Blavignac, J. D.** Portraits de C. [Mém. et documents de la société d'histoire et d'archéologie de Genève. Gen. 1849. p. 142-145.]

301. Ein Brustbild J. C.'s von Fr. Müller nach H. Holbein. [Ev. ref. Kirchenzeitung. 1860. S. 236.]

302. **Triqueti, H. de** Un portrait de C. par le Titien. [Bull. 1860. p. 168-174.]

303. **Bonnet, J.** Les portraits de C. [Bull. 1866. p. 5-18. — Nouveaux récits du 16⁰ s. Paris 1870. p. 27-51.]

304. **Courtesigny, C. Osmont de** Une médaille de C. [Bull. 1866. p. 542-544.]

305. **Dardier, Ch.** Un nouveau portrait de C. [Bull. 1886. p. 222-226.]

306. La tête de J. C. [Rev. franc-comtoise. Lons-le-Saunier. 1889. Juillet.]

307. Portrait de C. (*Eff.*) [Rev. alsacienne. Paris 1890. p. 486.]

308. **Gosse, H.** Portraits divers de C. reproduits en photographie. Gen. 1892. 72 pièces. *4.*
309. **Lorenz.** Das älteste Bild von C. [Evang. ref. Blätter. Kuttelberg 1893. Febr. März. — Die Französische Colonie. Berl. 1894. No. 3.]
310. **Weiss, N.** Portraits de C. [Bull. 1893. p. 542-546. — 1898. p. 44-46.]

CATALOGI OPERUM CALVINIANORUM.
COMMENTARII IN SINGULA OPERA.

311. **Senebier, J.** Ouvrages publiés par C. [Hist. littéraire de Genève. Gen. 1786. p. 248-260.]
312. **Ziegenbein, J. W. H.** C.'s und Beza's Schriften nach der Zeitfolge geordnet. Hamb. 1790. S. 1-33.
313. **Henry, P.** Literatur der Schriften C.'s. [Das Leben J. C.'s. Hamb. 1884. III. S. 175-252.]
314. **Bordier, H. L.** Liste chronologique. [La France protestante. 1881. III. 548-637.]

315. **Baum, J. G.** Oeuvres complètes de C. *Ed.* Brunswick. [Bull. 1863. p. 188-201.]
316. **Wagenmann, J. A.** Corpus Reformatorum. Calvini opera. [Göttingische gelehrte Anzeigen. Gött. 1864. I. S. 285-298.]
317. **Bonnet, J.** Oeuvres complètes de C. [Bull. 1873. p. 236-240. — 1881. p. 137-140.]
318. **Sabatier, A.** Edition complète des oeuvres de C. [Rev. chrét. 1882. p. 636-640.]

319. **Baum, Cunitz, Reuss.** Prolegomena in singula Calvini opera. [Opp. Calv. *Ed.* Brunsvigensis. 1863-1900.]

320. **Lang, A.** Die ältesten theologischen Arbeiten C.'s. [Neue Jahrbücher für deutsche Theologie. Bonn 1893. S. 273-300.]

321. **Bonnet, L.** Le traité De Clementia. [Rev. chrét. 1857. p. 219-222.]

322. **Lecoultre, H.** C. d'après son commentaire sur le De Clementia. [Rev. de théol. et de phil. Laus. 1891. p. 51-77. — In Memoriam.]

323. **Bonnet, L.** La Psychopannychie. [Rev. chrét. 1857. p. 224-227.]

---

324. **(Gerdesius)** De J. Calvini Institutione religionis christianae historia litteraria. [Scrinium antiquarium, sive Miscellanea Groningana. Gron. 1750. II. p. 451-477. 4.]

325. **Clement, D.** Institution chrétienne. [Bibliothèque curieuse, historique et critique. Leipz. 1756. p. 64-102. 4.]

326. **Haag, Eug.** La date de la 1ère édition de l'Inst. chrét. de C. [Bull. 1854. p. 107-112.]

327. **Bonnet, J.** L'Inst. [Rev. chrét. 1857. p. 343-352.]

328. **Bonnet, J.** La 1ère édition de l'Inst. chrét. de C. [Bull. 1858. VI. p. 137-142.]

329. **Colani, T.** De la 1ère édition de l'Inst. chrét. [Rev. de théologie. Strasb. 1857. XV. p. 102-104.]

330. **Rambert, E.** Etude littéraire sur l'Inst. de C. [Rev. suisse. Neuch. 1857. p. 441-468.]

331. De l'Inst. chrét. [*Ed.* de l'Inst. Paris 1859. V-XXXVI.]

332. **Thomas, J.** Histoire de l'Inst. chrét. de C. *Diss.* Strasb. 1859. 31 p.

333. **Rognon, L.** Essai sur l'Inst. de C. [Rev. chrét. 1863. p. 708-727.]

334. **Bindseil, H.** Inst. [Theol. Studien und Kritiken. Gotha 1864. S. 567-580.]

335. **P. B.** The christian Institutes. [Evangelical Christendom. Lond. 1864. p. 210-216.]

336. **Rilliet, A.** De la 1ère éd. de l'Inst. [Lettre à Merle d'Aubigné. Gen. 1864. p. 1-20.]

337. **Köstlin, J.** C.'s Institutio nach Form und Inhalt in ihrer geschichtlichen Entwicklung. [Studien und Kritiken. 1868. S. 1-62. 410-486.]

338. **Sepp, C.** Voor de letterkundige Geschiedenis van C.'s Institutio. [Godgeleerde Bijdragen. Leid. 1868. p. 1-14. — *ibid*. 1869. p. 1-7. — Bibliographische Medegeelingen. Leid. 1883. p. 88-109.]

339. **Pierson, A.** Over de Inst. — Vergeleken met de Summa van Thomas Aquinas. [Studiën over K. Amst. 1881. p. 110-142. 225-242.]

Rec. Hofstede de Groote. Geloof en Vryheid. Rott. 1881. p. 191-199.

340. **Rougemont, H. de** L'Inst. chrét. de C. dans sa rédaction primitive. [Le Chrétien évangélique. Laus. 1886. p. 77-83.]

341. **Linde, A. v. d.** Die „reformirte Glaubenslehre". [Preussische Jahrbücher. Berl. 1887. S. 288-302.]

342. **Durand, L.** Préface à l'Inst. chrét. [*Ed*. Inst. Baumgartner. Gen. 1888.]

343. **Kuyper, A.** Inst. [Inleiding. *Ed*. Inst. (*Eff.*) Doesburg 1889. p. 3-17. *4 maior.*]

344. **Monod, P.** Inst. de la religion chrét. [Rev. théologique. Mont. 1889. p. 85-90.]

345. **Weiss, N.** Le libraire qui introduisit en France la traduction française de l'Inst. [Bull. 1893. p. 548-551.]

346. **Weiss, N.** Arrêt inédit du parlement de Paris contre l'Inst. chrét. [Bull. 1894. p. 15-21.]

347. **Lanson, G.** L'Inst. chrét. de C. Examen de l'authenticité de la traduction française. [Rev. hist. Paris 1894. p. 60-76.]
Rec. Bull. 1894. p. 106-108.

348. **Vielles, J.** Un problème de bibliographie, la 1ère éd. de l'Inst. chrét. [Rev. de théologie et des questions religieuses. Mont. 1895. p. 126-129.]

349. **Krücke, Th.** Die Entstehung und Bedeutung von C.'s Unterricht in der christlichen Religion. [Ref. Kirchenzeitung. Erl. 1898. S. 220-222. 228-230. *4 maior.*]

350. **Warfield, B. B.** The literary history of C.'s Institutes. [Presbyterian and ref. Rev. Phil. 1899. p. 193-219.]

---

351. **Köcher, J. Chr.** Von dem Catechismo des J. Calvini. [Catechetische Geschichte der ref. Kirchen. Jena 1756. S. 210-237.]

352. **Riederer, J. B.** Catechismus C.'s. [Nachricht zur Kirchen-Gelehrten- und Bücher-Geschichte. Altdorf 1766. III. S. 475-484.]

353. **Rilliet, A.** Introduction hist. au Catéchisme et à la confession de foi 1537. [Le premier catéchisme de C. Paris 1878. I-XCVIII.]
Rec. Bull. 1878. p. 525-526. — Rev. chrét. 1879. p. 316-318.

354. **Dufour, Th.** Notice bibliographique sur le Catéchisme et la confession de foi 1537. [*ibid.* XCIX-CCLXXXVII.]

355. **Monnier, M.** Le 1er Catéchisme français de C. retrouvé à Paris. [Journal des Débats. Paris 8 sept. 1878.]

356. **Boehmer, Ed.** C.'s Catechism and Liturgy. [Spa-

nisch reformers of two centuries. Strasb. 1883. p. 41-48.]

357. **Arnaud, E.** Notice historique sur les deux catéchismes officiels de l'église réformée de France, C. et Osterwald. Paris 1885.

358. **Vuillemier, H.** Notice hist. sur les catéchismes qui ont été en usage dans l'église du pays de Vaud. [Rev. de théol. et de phil. Laus. 1888. p. 114-118.]

359. **Gooszen, M. A.** Over den Catechismus van C. [De Heidelbergsche Catechismus. Leid. 1890. p. 43-53.]

360. **Gautier, E.** Le Catéchisme de Genève de C., son origine et la date de sa composition. [Bull. 1894. p. 373-378.]

361. **Schot, C. C.** Jets van den Franschen Catechismus van C. [Tijdschrift voor gereformeerd Kerk. Velsen 1894. p. 281-286.]

---

362. **Rogge, H. C.** Twee geschriften van C. in het nederlandsch vertaald. [Archief voor nederl. Kerkgeschiedenis. 's Grav. 1893. p. 186-192.]

363. **Rutgers, F. L.** De nederlandische vertaling van C.'s Geschriften tegen de Pseudo-Nicodemieten. [*ibid.* p. 371-379.]

364. **Cartier, A.** Introduction à l'Excuse de noble Seigneur J. de Bourgogne. [*Ed.* L'Excuse. Paris 1896. 75 p.]

365. **Cartier, A.** Notice hist. et bibliographique sur la Brieve Resolution de C. [Bull. de la société d'hist. et d'archéologie de Genève. Gen. 1897. p. 203-211.]

366. **Schmidt, Ch.** La Somme de théologie. [Bull. 1854. p. 123-127.]

367. **Teissier du Cros, L.** Les manuscrits des sermons de C. [Bull. 1891. p. 583-584.]

368. **Vielles, J.** C. et la prédestination, découverte bibliographique. [Rev. de théol. et des questions rel. Mont. 1897. p. 101-109.]

369. **Forget, E.** Treize sermons de C. retrouvés récemment. *Diss.* Marseille 1898. 49 p.

---

370. **Libius, Chr. S.** Diatribe de pseudonymia J. Calvini. Amst. 1723. 99 p. *8 min.*

---

371. Fausses lettres de C., de provenance jésuitique. [Bull. 1856. p. 7-13.]

372. Une chanson attribuée à C. [Bull. 1858. VI. p. 341-342. 416-418.]

---

373. **Cartier, A.** Arrêts du conseil de Genève sur le fait de l'imprimerie et de la librairie de 1541-1550. [Mém. et documents de la société d'hist. et d'archéologie de Genève. Gen. 1888. p. 359-529.]

SCRIPTA QUAE CALVINI DOCTRINAM EXPONUNT.

GENERALIA.

374. **Planck, G. J.** Geschichte der Entstehung, der Veränderungen und der Bildung unseres prot. Lehrbegriffs. Leipz. 1791-1800.

375. **Schenkel, D.** Das Wesen des Protestantismus aus den Quellen des Reformationszeitalters dargestellt. Schaffh. 1846-1851.

376. **Holzhausen, F. A.** C., Reformator der Republik Genf. [Der Protestantismus nach seiner geschichtlichen Entstehung, Begründung und Fortbildung. Leipz. 1849. II. S. 697-718.]

377. **Gass, W.** Geschichte der prot. Dogmatik. 1854. I. S. 99-124.

378. **Schweizer, A.** Die prot. Centraldogmen in ihrer Entwicklung innerhalb der ref. Kirche. Zürich 1854. I. S. 150-249 *et passim*.

379. **Schneckenburger, M.** Vergleichung des lutherischen und ref. Lehrbegriffs. Stuttg. 1855. *2 vol.*

380. **Heppe, H.** Die Dogmatik der ev. ref. Kirche. Elberf. 1861.

381. **Cunningham, W.** The Reformers and the Theology of the Reformers. Edinb. 1862. p. 292-525.

382. **Baur, F. C.** Geschichte der christlichen Kirche. Tüb. 1863. IV. S. 398-407. 424-431.

383. **Baur, F. C.** Vorlesungen über die christliche Dogmengeschichte. Leipz. 1867. III.

384. **Ebrard, J. H. A.** Handbuch der christlichen Kirchen- und Dogmengeschichte. Erl. 1866. III. S. 109-115. 156-182 *et passim*.

385. **Dorner, J. A.** Geschichte der christlichen Theologie. München 1867. S. 374-404.

386. **Oehler, F.** Lehrbuch der Symbolik. Tüb. 1876.

387. **Pope, W. B.** A compendium of christian Theology. Lond. 1880. I.

388. **Allen, J. H.** Christian History in its three great periods. Boston 1883. p. 48-73.

389. **Schaff, Ph.** The creeds of Christendom. New-York 1884. *4. ed.* I. p. 421-471.

390. **Thomasius, G.** Die christliche Dogmengeschichte. Erl. 1889. II. S. 638-653 *et passim*.

391. **Loofs, F.** Leitfaden zum Studium der Dogmengeschichte. Halle 1889. — 1893. S. 426-438.

392. **Dilthey, W.** Die Glaubenslehre der Reformatoren, aufgefasst in ihrem entwicklungsgeschichtlichen Zusammenhang. [Preussische Jahrbücher. Berl. 1894. LXXV. S. 73-86.]

393. **Seeberg, R.** Lehrbuch der Dogmengeschichte. Erl. 1898. II. S. 379-409.
394. **Dorner, A.** Grundriss der Dogmengeschichte. Berl. 1899.

---

395. **Lerminier, E.** Du Calvinisme. [Revue des Deux Mondes. Paris 1842. II. p. 517-549.]
396. **Heppe, H.** Die Gegensätze des Calvinismus und des deutschen Protestantismus. [Geschichte des deutschen Prot. in den Jahren 1555-1581. Marb. 1852. I. S. 11-24 *et passim.*]
397. **Fontanès, E.** C. [Le Lien. Paris 1856. p. 209-211.]
398. **Vidal, F.** C. et sa doctrine. [*ibid.* 1860. p. 36-38. 49-51.]
399. **Abbott, Granville** C. and Calvinism. [Bibliotheca sacra. Andover 1873. p. 401-421.]
400. **Hodge, A. A.** Calvinism. [Johnson: Universal Cyclopaedia. New-York 1875. I. 727-734.]
401. **Jundt, A.** C. le théologien. [Encyclopédie des sciences religieuses. Paris 1877. II. 545-557.]
402. **Vollet, E. H.** Calvinisme. [La Grande Encyclopédie. Paris 1889. VIII. 1017-1021.]
403. **Aked, C.** C. and Calvinism. Lond. 1892. 26 p.
404. **Schaff, P.** C. and Calvinism. [Quarterly Rev. Lond. 1893. p. 205-208. (*Eff.*)]
405. **Nagy, K.** Kálvin theologiája. (*lingua hungarica*) Gross-Enyed 1894. — Pest 1896. 191 p.
406. **Kuyper, A.** Het Calvinism. Zes stone-lezingen. Amst. 1899. 197 p.
Transl. Six stone-lectures. New-York 1899. 275 p.

---

407. **Ritschl, A.** Lutherthum und Calvinismus. [Prolegomena zu einer Geschichte des Pietismus. Zeitschrift für Kirchengeschichte. Gotha 1878. S. 436-

455. — *Ed.* Geschichte des Pietismus. Bonn 1880. I. S. 61-80.]

408. **Eberhardt, C. F.** De concordi discordia Melanchthonis et Calvini oratio. Jenae 1855. 28 p.

409. **Schwalb, M.** Etude comparative des doctrines de Mélanchthon, Zwingle et C. *Diss.* Strasb. 1859. 139 p.

410. **Labes, E.** Comparantur inter se Melanchthonis loci theologici et Calvini Inst. religionis christianae. [*Progr.* Rost. I. 1877. 15 p. II. 1879. 24 p. *4.*]

411. **Nichols, J.** Calvinism and Arminianism. Lond. 1824. *Rec.* Quarterly theol. Rev. Lond. 1825. I. p. 366-375.

412. **Astié, J. F.** L'Institution de C. et la crise théologique actuelle. [Le Chrétien évangélique au 19ᵉ s. Gen. 1861. p. 265 *ss.*]

413. **Franc, M.** Quelques hérésies de C. [Nouvelle Rev. de théol. Strasb. 1862. X. p. 288-292.]

414. **Martin, Ern.** La science du christianisme et l'Institution de C. Recherches sur la méthode de la science théologique. *Diss.* Gen. 1875. 167 p.

415. **Martin, Ern.** Les éléments du christianisme de C. d'après l'Institution chrétienne. [Rev. de théol. et de phil. Laus. 1880. p. 113-132.]

416. **Gunning, J. H.** Van C. tot Rousseau. Rott. 1881. 96 p.

417. **Gooszen, M. A.** Drieërlei Idealen: Calvinisme, Protestantisme, Christendom. [Geloof en Vryheid. Rott. 1883. p. 203-224.]

418. **Wangemann, H. Th.** C. [Die lutherische Kirche der Gegenwart in ihrem Verhältniss zur Una Sancta. Berlin 1883. II. S. 128-154.]

419. **Schaff, Ph.** The calvinistic system in the light of reason and the scripture. [Andover Rev. Boston 1892. p. 329-338.]

420. **Gooszen, M. A.** Nog eens: Een tertium genus? [Geloof en Vryheid. Rott. 1894. p. 530-578.]

Vide quoque 324-350.

SPECIALIA.

DE SCRIPTURA SACRA.

421. **Herzog, J. J.** C.'s Lehre von der h. Schrift als Quelle der christl. Religionserkenntniss. [Ev. ref. Kirchenzeitung. Erl. 1860. S. 208-217.]
422. **Menthonnex, P.** L'inspiration des Saintes Écritures d'après C. *Diss.* Laus. 1873. 52 p.
423. **Cramer, J.** De schriftbeschouwing van C. [Nieuwe bijdragen op het gebild van godgeleerdheit en wijsbegeerde. Utrecht 1880. III. p. 99-184.]
424. **Bost, L.** L'autorité des Ecritures d'après l'Inst. de la religion chrét. de C. *Diss.* Laus. 1883. 40 p.
425. **Bénézech, A.** Théorie de C. sur l'Ecriture sainte. *Diss.* Paris 1890. 59 p.
426. **Moore, Dunlop** C.'s doctrine of Holy scripture. [Presbyterian and ref. Rev. Phil. 1893. p. 49-70.]

Vide quoque 642-657.

DE DEO, CHRISTO, HOMINE.

427. **Ritschl, A.** Geschichtliche Studien zur christlichen Lehre von Gott. [Jahrbücher für Deutsche Theologie. Gotha 1868. S. 98-109.]
428. **Keller, J. J. E.** Dieu et l'homme d'après C. et d'après Arminius. *Diss.* Laus. 1860. 148 p.

429. **Müller, P. J.** De Godsleer van C. Gron. 1881. 121 p.
430. **Müller, P. J.** De Godsleer van Zwingli en C. Eene vergelijkende Studie. Sneek. 1883. 115 p.
431. **Audemars, J.** La souveraineté de Dieu dans l'Institution chrét. de C. *Diss.* Gen. 1898. 112 p.

432. **Foltz, J. F.** La personne de Jésus d'après C. *Diss.* Toul. 1869. 46 p.

433. **Faure, J.** Etude sur l'anthropologie de C. dans ses rapports avec la rédemption. *Diss.* Mont. 1854. 42 p.
434. **Talma, A. S. E.** De anthropologie van C. *Diss.* Utrecht 1882. 120 p.
435. **Ammon, F. W. Ph. von** Die Vernunft, — der Vernunftgebrauch in Glaubenssachen im Sinne Luthers, Melanchthons, Zwinglis und C.'s. [Wiener Zeitschrift für wissenschaftliche Theologie. Sulzbach 1829. I. S. 3-29. II. S. 137-156.]

DE PRAEDESTINATIONE.

436. **Beck, C.** Ueber die Prädestination. Die augustinische, calvinische und lutherische Lehre. [Studien und Kritiken. Hamb. 1847. S. 95-109 *et passim.*]
437. **Krummacher, E. W.** Die Lehre von der Gnadenwahl nach C.'s Darstellung in Inst. XXI-XXIV. [Das Dogma von der Gnadenwahl. Duisb. 1856. S. 64-76.]
438. **Valès, H.** De la prédestination calviniste dans ses rapports avec la prédestination paulinienne. *Diss.* Toul. 1861. 64 p.
439. **Fontanès, E.** C. et le dogme de la prédestination. [Rev. germanique. Paris 1864. XXIX. p. 199-227.]

440. **Kreyher, J.** Die Erwählungslehre von Zwingli und C. in ihrem gegenseitigen Verhältniss dargestellt. [Studien und Kritiken. Gotha 1870. S. 491-524.]

441. **Henchoz, L.** La prédestination chez C. Ses rapports avec ce même dogme chez les autres réformateurs. *Diss.* Laus. 1873. 70 p.

442. **Kinzel, K.** Darstellung der biblischen Erwählungslehre unter Vergleichung der Lehre Augustins, Luthers und C.'s. [Zeitschrift für lutherische Theologie und Kirche. Leipz. 1876. S. 66-113.]

443. **Thelemann, O.** Die Prädestinationslehre C.'s. [Ev. ref. Kirchenzeitung. Detm. 1877. S. 337-383.]

444. **Dadre, E.** Etude dogmatique sur la prédestination de C. *Diss.* Mont. 1878. 34 p.

445. **Scheibe, M.** C.'s Prädestinationslehre. Ein Beitrag zur Würdigung der Eigenart seiner Theologie und Religiosität. Halle 1897. *Diss.* 85 S. — *ibid.* 126 S.
Rec. O. Ritschl. Theol. Literaturzeitung. Leipz. S. 395-396.

446. **Bergh, W. v. d.** C. over het genadeverbond. *Diss.* s' Grav. 1879. 144 p.

447. **Govett, R.** Calvinism by C. and others, being the substance of discourses delivered by C. . . . on the doctrines of grace. Lond. 1840.

448. **Harris, J. H.** The calvinistic doctrine of election and reprobation. Phil. 1890.

449. **Lecerf, A.** Le déterminisme et la responsabilité dans le système de C. *Diss.* Paris 1895. 123 p.

450. **Viguet, C. O.** De la doctrine des réformateurs quant au salut des petits enfants. [Rev. de théol. et de phil. Laus. 1878. p. 132-139.]

451. **Shields, C. W.** The doctrine of C. concerning infant salvation. [Presbyterian and Ref. Rev. New-York 1890. p. 634-651.]

452. **Schweizer, A.** Sebastian Castellio als Bestreiter der calvinischen Prädestinationslehre. [Theol. Jahrbücher. Tüb. 1851. S. 1-27.] — *Vide quoque 244-246*.

DE REDEMPTIONE, SALUTE, FIDE.

453. **Ritschl, A.** Die christliche Lehre von der Rechtfertigung und Versöhnung. Bonn 1870. S. 191-224. — 1888. *3. ed.* I. S. 227-230.

454. **Zijnen, F. P. Sibmacher** Specimen historico-dogmaticum quo Anselmi et Calvini placita de hominum per Christum a peccato redemtione inter se conferuntur. *Diss.* Schonhoviae 1852.

455. **Ginolhac, H.** De la rédemption dans C. *Diss.* Mont. 1874. 48 p.

456. **Andouin, M.** La rédemption d'après C. *Diss.* Mont. 1876. 71 p.

457. **Kissel, Ch.** La notion du salut dans C. *Diss.* Toul. 1874. 30 p.

458. **Lawrence, E. A.** The theology of C. Is it worth saving? [Bibliotheca sacra. And. 1883. p. 449-462.]

459. **Daubanton, F. E.** Leert C. Inst. 1, 6 het „Foedus operum"? [Theol. Studiën. Utrecht 1893. p. 279-280.]

460. **Massot, P. E.** La notion de la foi d'après l'Institution chrét. de C. *Diss.* Mont. 1871. 40 p.

461. **Blondiaux, B.** De la notion de la foi dans l'Institution chrét. de C. *Diss.* Mont. 1874. 34 p.

462. **Boegner, A.** Quid J. C. in libro tertio Inst. christ. relig. de fide senserit exponitur et aestimatur. *Diss.* Argent. 1876. 30 p.

463. **Balavoine, H.** La définition de la justification par la foi selon C., exposée dans sa nature, ses sources et ses conséquences. *Diss.* Strasb. 1864. 31 p.

464. **Gautier, E.** Etude sur les rapports entre la justification par la foi et la sanctification d'après C. *Diss.* Paris 1895. 47 p.

465. **Müller, Jul.** Das Verhältniss zwischen der Wirksamkeit des heiligen Geistes und dem Gnadenmittel des göttlichen Wortes. [Dogmatische Abhandlungen. Bremen 1870. S. 127-277.]

466. **Pannier, J.** Le témoignage du Saint-Esprit. Essai sur l'histoire du dogme dans la théologie réformée. *Diss.* Paris 1893. 227 p.

DE ECCLESIA.

467. **Ritschl, A.** Ueber die Begriffe: sichtbare und unsichtbare Kirche. [Studien und Kritiken. Gotha 1859. S. 213-223.]

468. **Seeberg, R.** Studien zur Geschichte des Begriffes der Kirche. Erl. 1885. S. 119-126.

469. **Kuyper, A.** J. Calvini et J. a Lasco de ecclesia sententiarum inter se compositio. *Diss.* Hagae 1862. 190 p.

470. **Bruins, J. A.** Het leerstuk over de kerk volgens Luther, Zwingli en C. *Diss.* Leid. 1869. 96 p.

471. **Corbière, C.** Théorie de l'Eglise d'après C. *Diss.* Strasb. 1858. 59 p.

472. **Farsat, H.** L'Eglise d'après C. *Diss.* Gen. 1874. 103 p.

473. C.'s Lehre von der Kirche nach der Institutio von 1535. [Ref. Kirchenzeitung. Elb. 1880. S. 385-392.]

474. **Mailhet, H.** La notion de l'Eglise dans C. *Diss.* Mont. 1881. 53 p.

475. **Daulte, H.** L'Eglise d'après l'Institution chrét. de C. *Diss.* Laus. 1885. 112 p.

476. **Grosclaude, Ch.** Exposition et critique de l'ecclésiologie de C. *Diss.* Gen. 1896. 105 p.

Vide quoque: C. rerum ecclesiasticarum et civilium curator et rector.

DE SACRAMENTIS.

477. **Usteri, J. M.** C.'s Sacraments- und Tauflehre. [Theol. Studien und Kritiken. Gotha 1884. S. 417-456.]
478. **Martin, J.** Notion du Baptême dans C. Signification, efficacité et conditions. Biblicité du Réformateur. *Diss.* Mont. 1894. 82 p.
479. **Ebrard, J. H.** Das Dogma vom h. Abendmahl und seine Geschichte. Frankf. a. M. 1846. II. S. 402-575.
480. **Kahnis, K. F. A.** Die Lehre vom Abendmahl. Leipz. 1851. S. 392-417.
  Rec. Stöber. Strassb. Beiträge zu den theol. Wissenschaften. Jena 1854. V. S. 192-205.
481. **Schmid, H.** Der Kampf der luth. Kirche um Luthers Lehre vom Abendmahl im Reformationszeitalter. Leipz. 1868. S. 120-181.
482. **Mueller, Jul.** Lutheri et Calvini sententiae de sacra coena inter se comparatae. Halis 1853. 34 p. *4.*
483. **Donzé, Ch. J.** La Ste Cène d'après C. *Diss.* Strasb. 1857. 32 p.
484. **Müller, Jul.** Vergleichung der Lehren Luthers und C.'s über das Abendmahl. [Dogmatische Abhandlungen. Bremen 1870. S. 404-467.]
485. **Mönckeberg, C.** Joachim Westphal und J. C. Hamb. 1865. 211 S.

486. **Nieter, J. A.** De controversia, quae de coena sacra inter Westphalum et Calvinum fuit, diiudicatio. *Diss.* Berol. 1872. 40 p.

487. Von dem Mahle des Herrn, aus C.'s Institutio von 1536. [Ref. Kirchenzeitung. Erl. 1879. S. 417 *ss*.]

488. **Destrech, E.** Essai sur la doctrine de la Ste Cène d'après C. *Diss.* Mont. 1880. 54 p.

489. **Langereau, E.** Théorie de C. sur la Cène d'après ses controverses avec J. Westphal et T. Heshusius. *Diss.* Toul. 1896. 48 p.

490. **Gooszen, M. A.** Over de Avondmaalsleer van C. [De Heidelbergsche Catechismus. Leiden 1890. p. 82-87.]

QUAESTIONES ETHICAE.

491. **Schweizer, A.** Die Entwicklung des Moralsystems in der ref. Kirche. [Theol. Studien und Kritiken. Hamb. 1850. S. 17-22.]

492. **Gass, W.** Geschichte der christlichen Ethik. Berl. 1886. II. S. 63-69.

493. **Ziegler, Th.** Geschichte der christlichen Ethik. Strassb. 1886. S. 473-486.

494. **Luthardt, Ch. E.** Geschichte der christlichen Ethik. Leipz. 1893. S. 74-81 *et passim*. — 1896.

495. **Lobstein, P.** Die Ethik C.'s. Strassb. 1877. 152 S.

Rec. Thelemann. Ref. Kirchenzeitung. 1877. S. 65-72. — E. Martin. Rev. de théol. et de phil. Laus. 1878. p. 298-301. — Bibliotheca sacra. And. 1880. p. 1-47.

496. **Nazelle, L.** La morale de C. d'après l'Institution de la religion chrét. *Diss.* Laus. 1882. 63 p.

SCRIPTA POLEMICA, APOLOGETICA.
SAEC. XVI.

497. **Pighius, A.** De libero arbitrio contra C. Col. 1542.

498. **Cochlaeus, J.** Calvini in Acta Synodi Trident. censura et eiusdem brevis confutatio. 1548.

499. **Cochlaeus, J.** De sacris reliquiis . . brevis contra Calvini calumnias et blasphemias responsio. Mog. 1549.

500. **Cochlaeus, J.** De Interim brevis responsio. Mog. 1549.

501. **Candidus, A.** Iudicium J. Calvini de sanctorum reliquiis collatum cum orthodoxorum sanctae ecclesiae Patrum sententia. Col. 1551.

502. **Drascowich, G.** Confutatio eorum quae dicta sunt a Calvino super verbis Domini: Hoc est corpus meum. Patavii 1551.

503. **Westphalus, J.** Farrago opinionum de Coena Domini ex Sacramentariorum libris congesta. Magd. 1552.

504. **Westphalus, J.** Recta fides de Coena Domini . . Magd. 1553.

505. **Westphalus, J.** Epistola ad convicia Calvini. Ursellis 1557. *16.*

506. **Westphalus, J.** Apologia confessionis de Coena Domini contra Calvinum. Ursellis 1558.

507. **Camerarius, B.** Disputatio de gratia et libero arbitrio contra Calvinum. Paris. 1556.

508. Les disputes de Guillot le Porcher et de la bergère de St. Denis contre C. Lyon 1560.

509. **Lindanus, G.** Recueil d'aucunes mensonges de C., Melanchthon, Bucere et autres nouveaux Evan-

gelistes de ce temps, faict françois par Gentien Hervet d'Orléans. Paris 1561.

510. **Duval, A.** Les contrarietez et contredicts qui se trouvent en la doctrine de C. Paris 1561.

511. **Balduinus, Fr.** Responsio ad Calvinum et Bezam. Paris. 1562. — *Ed.* Brununinck. Biga responsionum. Duss. 1763.

512. **Villegaignon, N.** Les propositions contentieuses entre le Chevalier de Villegaignon et maistre J. C. concernant la vérité de l'Eucharistie. 1562.

513. **Villegaignon, N.** Response sur la résolution des sacremens de J. C.
Transl. Ad art. Calvini de sacramento eucharistiae. Ven. 1562. — Col. 1563.

514. **Smythaeus, R.** Religionis et regis adversus Calvini factiones defensio prima. 1562.

515. **Smythaeus, R.** Repulsio calumniarum Calvini .. contra Missam. Lov. 1562.

516. **Smythaeus, R.** Repulsio argumentorum quae Melanchthon et C. . . obiecerunt adversus Missae sacrificium et purgatorium. Lov. 1562.

517. **Smythaeus, R.** De infantium baptismo contra J. Calvinum ac de operibus supererogationis et merito mortis Christi. Lov. 1562. 40 p. *4.* — Col. 1563.

518. **Smythaeus, R.** De libero hominis arbitrio adversus Calvinum. Lov. 1563.

519. Brieve apologie contre C. et ses confrères. Rheims 1563.

520. **Benoist, R.** Epistre à J. C. . . pour luy remonstrer qu'il répugne à la parole de Dieu en ce qu'il a escrit des images des Chrestiens. Paris 1564. 78 p. *16.*

521. **Benoist, R.** Traicté du saint jeusne et caresme où il est monstré iceluy estre de l'institution de

Jésus-Christ et commandement de Dieu avec la 3ᵉ épistre à J. C. Paris 1566.

522. **Benoist, R.** Une brieve et succincte réfutation de la coene de C. Anvers 1569.

523. **Horautius, F. F.** Libri VII in quibus praecipua Institutionis Calvini capita confutantur. Venet. 1564.

524. **Baius, M.** De meritis operum .. de sacramentis in genere contra Calvinum. Lov. 1565.

525. **Hervet, Gentien.** Confutation d'un livre plein d'erreurs, intitulé: Les Signes sacrés. Rheims 1565. *4.*

526. **Belcarius, F.** Concio adversus impium Calvini dogma de infantium in matrum uteris sanctificatione. Paris. 1566.

527. **Sainctes, Cl. de** Examen doctrinae Calvinianae et Bezanae de coena Domini. Paris. 1567.

528. **Sainctes, Cl. de** Responsio ad apologiam Th. Bezae editam contra examen doctrinae calvinianae de Coena Domini. Paris. 1567.

529. **Sainctes, Cl. de** Déclaration d'aucuns athéismes de la doctrine de C. et Bèze contre les premiers fondemens de la Chrétienté. Paris 1568. 354 p. *16.*

530. C.'s Lehr und Mainung vom heil. Nachtmal Christi. [Acta concordiae, das ist, was sich in dem Tractat und Handel der Concordien ... verloffen. Heidelb. 1572. *4.*]

531. **Bolsec, J.** Histoire de la vie, moeurs, actes, constance et mort de J. C. Lyon 1577. Paris 1577. — *Ed.* L. F. Chastel, avec introduction et notes. (*Eff.*) Lyon 1875.

Transl. Laingaeus, De vita J. Calvini, moribus, rebus gestis, studiis ac denique morte. (*Eff.*) Colon. 1580. 1584. 1632. Paris. 1585. — Kurtze und wahrhafte history vom Leben, Wandel, Lehren und Thaten, Tod und Untergang J. Calvini. Cölln 1581. 1631. — Alnoch, Historie van het leven, manieren, wercken, leeringe en

de doot van J. C. Tshertogenbosche 1581. Loven 1631.
— Wysocki, Historia Zywota, spraw, y smierci Iana Kalwina. (*lingua polonica*) Krakowie 1583.

532. **Talepied, F. N.** Histoire des vies, moeurs, actes, doctrine et mort des quatre principaux hérétiques de notre temps (*d'après Bolsec*). Douay 1580. 1616.
Transl. Laingaeus, De vita et moribus atque rebus gestis haereticorum nostri temporis. Paris. 1581. — Engerd, Summarische Historia von dem Leben, Lehr, Bekenntniss und ableyben Luthers und Joh. Calvini ... Ingolst. 1582. 1632. *4.*

533. **Briegerus, J.** Flores Calvinistici decerpti ex vita Dudlei ... Calvini. Neapoli 1585. p. 58-64.

534. **Coyffier, G. de** Défense de la vérité de la foy catholique contre les erreurs de C. Paris 1586.

535. **Possevinus, Ant.** Atheismi Lutheri ... Calvini refutati. Vilnae 1586.

536. **Pisanus, A.** Institutionum Calvini confutatio. [Confutatio brevis CXIII errorum. Posnaniae 1587.]

537. **Selneccerus, N. C.** [Examen theologicum.]
Transl. Heydenreich, C. redivivus, das ist Zwinglii, Calvini ... eigentliche Meinung von etlichen fürnemen streitigen Religions-Artikeln und Sprüchen der H. Schrift ohn all Verbitterung und Verfälschung dargethan. Frankf. 1589. *4.*

538. Erzelung .. wer C. gewesen, seine Lehr vor und nach·Luthers Tod. Bremen 1590. *4.*

539. Malleus Calvinistarum, hoc est, Chrysostomus scriptis suis retundens universos errores Calvini de Eucharistiae sacramento. Antv. 1590.

540. **Heilbrunnerus, J.** Synopsis doctrinae calvinianae oder summarischer Begriff und Widerlegung der Zwinglischen und Calvinischen Lehr. Laugingen 1591. *4.* — Frankf. a. O. 1592.

541. **Schluesselburgius, C.** Theologia Calvinistarum libri IV in quibus demonstratur eos de nullo fere doc-

trinae articulo recte sentire. Francof. 1592. — Rost. 1625.

Transl. Theologia Calvinistarum, das ist, Lehr, Glaub und Bekenntniss der Sacramentirer. Frankf. a. M. 1596.

542. **Hunnius, Aeg.** C. iudaizans. Vitt. 1593. 189 p. *16.* — 1595. 178 p. *16.* — 1604. *16.*

543. **Feuardentius, A. F.** Dialogi VII quibus 200 Calvinicorum errores refelluntur. Col. 1594.

544. **Pareus, A. D.** C. orthodoxus, hoc est doctrina orthodoxa Calvini de sacrosancta Trinitate . . et de aeterna Christi divinitate, oppositus Pseudocalvino Iudaizanti. Neost. 1595. *16.*

545. **Reginaldus, G.** Calvino-Turcismus, id est Calvinisticae perfidiae cum Muhametana collatio et dilucida utriusque sectae confutatio. Colon. 1595. 1106 p. — Antv. 1597.

546. **Nicolaus, Ph.** Kurtzer Bericht von der Calvinisten Gott und ihrer Religion. Frankf. 1597.

547. **Masson, J. Pap.** Vita Calvini. Paris. 1598. *4.* — 1611. *4.* — 1620. [Elogiorum pars II. Paris. 1638.]

SAEC. XVII.

548. **Schulting, C.** Variae lectiones et animadversiones contra I. libr. Institutionum Calvini. [Bibliotheca catholica et orthodoxae contra summam totius theologiae Calvinianae. Col. 1602.]

549. **Feuardentius, A. F.** Theomachia Calvinistica 16 libris profligata. Paris. 1604.

550. **Lessius, L.** Posthumum Calvini stigma in tria lilia sive in tres libros dispertita a rhetoribus collegii Soc. Jesu. Brux. 1611.

551. **Cochletius, A.** Coemeterium Calvini inferni. Antv. 1613. 789 p. *16.*

552. **Emar de Vieuxpon.** Réfutation du 1ᵉʳ livre de l'Institution de C. Paris 1616. *fol.*

553. **Kellison, M.** Examen reformationis novae praesertim Calvinianae in quo Synagoga et doctrina Calvini tota fere ex suis principiis refutatur. Duaci 1616.

554. **Dumoulin, P.** Tractaetgen ... dat C. Godt een autheur van de Sonde maeckt. Amst. 1617. *4.*

555. **Vega, Em. de** De vita et miraculis Lutheri, Calvini et Bezae. Vilnae 1620.

556. **Cürten, P.** Anti-Bolseccus, das ist ausführliche Verantwortung der in aller Welt ausgestreuten Lügen und Lästerschrift von der Ehr und Lehr . . J. Calvini. (Vorrede von Teschenmacher) Cleve 1622.
   Transl. Anti-Bolseccus, dat is grondige Wedderlegginge der schaamlose leugens van Bolsec. Harderwijk 1662.

557. **Romaeus, N.** Calvini nova effigies centum coloribus ad vivum expressa qua Calvini theologia refutatur. Antv. 1622. *fol.*

558. **Rivetus, Andr.** Catholicus orthodoxus, oppositus catholico papistae. Lugd. Bat. 1630. I. p. 16-24. 116. 197. II. p. 348-351. *4.*

559. **Himmelius, J.** Calvinismus sive Collegium Anticalvinianum. 1634. *4.*

560. **Rivetus, Andr.** Iesuita vapulans. Lugd. Bat. 1635. p. 1-28. *16.*

561. **Amyraldus, M.** Doctrinae Calvini de absoluto reprobationis decreto defensio. Salm. 1641. *4.*
   Transl. Défense de la doctrine de C. sur le sort de l'élection et de la réprobation. Saum. 1644.

562. **Binard, J.** Le tableau de l'hérésie ou l'impiété de C. descouverte avec les preuves des vérités catholiques. Paris 1643.

563. **Morus, A.** Oratio Genevae habita in qua Grotius refellitur. Gen. 1648. 96 p. *4.*

Transl. Harangue pour C., où il respond aux invections de Grotius. Gen. 1648.

564. **Adam, J.** C. deffait par soymesme et par les armes de S. Augustin ... sur les matières de la grace, de la liberté et de la prédestination. Paris 1650. 771 p.

565. **Cornaeus, M.** Manes Lutheri et Calvini iudicati. Herbip. 1651.

566. **Fronteau, J.** Antithesis Augustini et Calvini. Paris. 1651. 258 p. *16.*

567. **Richelieu, de** La méthode la plus facile et la plus asseurée pour convertir ceux qui se sont séparez de l'Eglise. Paris 1651. *fol.*

568. **Drelincourt, Ch.** La défense de C. contre l'outrage fait à sa mémoire par le card. de Richelieu. (*Eff.*) Gen. 1663.— 1667. 359 p. *16.*

Transl. C. W. K. Vertheidigungsschrift des C. wider die zu dessen Beschimpfung ausgegangenen Schmähkarten. Hanau 1671. 280 S.

569. **Ancillon, D.** Apologie de Luther, de Zwingle, de Calvin et de Bèze, ou Réponse au chap. 10ᵉ du 2ᵉ livre de la Méthode de Mʳ le cardinal de Richelieu. Hanau 1664. p. 38-56.

570. **Mauduict, Fr.** Réponse au livre intitulé La Défense de C. composé par Ch. Drelincourt. Lyon 1669.

571. L'impiété Huguenote descouverte. Par Maistre Jean Calvin à tous ses Frères en Christ. Metz 1656. 400 p. *16.*

572. J. C. ou son apologie contre les accusations des Jésuistes. Port Royal 1661. 476 p. *16.*

573. Calvin démasqué ou sa politique découverte. Metz 1665. *16.*

574. **Kwiatkiewicz, J.** Fascinus a Luthero, Zwinglio, Calvino aliisque haeresiarchis tot animabus, populis,

provinciis iniectus seu fraus eorumdem haeresiarcharum detecta. Monast. Oliv. 1673.—1683. *16.*

575. **Elys, E.** Animadversiones in aliqua Calvini dogmata. 1677.

576. **Masuccius, Ant.** Calvinus expugnatus. Neap. 1680.

577. **Maimbourg, L.** Histoire du Calvinisme. Paris 1681. p. 52-78. 334-340. *16.*

578. **Bayle, P.** Critique générale de l'histoire du Calvinisme de Mr. Maimbourg. Villefranche 1682. — 1684. I. p. 178-199. *16.*

579. **Arnauld, Ant.** Le Calvinisme convaincu de nouveau des dogmes impies. Cologne 1682.

580. **Jurieu, P.** Histoire du Calvinisme et celle du papisme ou apologie pour les Réformateurs. Rott. 1683. — 2. *ed.* *4.* — 1823. *passim.*

581. L'histoire véritable du Calvinisme ou mémoires historiques touchant la Reformation, opposée à l'hist. du Calvinisme de Mr. Maimbourg. Amst. 1683. *16.*

582. **Beudier, Cl.** L'hérésie de C. détruite par sept preuves invincibles. St. Quentin 1685.

583. **Blache,** Réfutation de l'hérésie de C. par la seule doctrine de M. M. de la religion. Paris 1687. *16.*

584. **Bossuet, J. B.** Doctrine et caractère de C. [Histoire des Variations des églises protestantes. Paris 1688. — 1770. II. p. 134-202. *16.* — 1844.]

585. **Sainte Marthe, F. de** Réponse aux plaintes des Protestants . . où l'on expose le sentiment de C. sur les peines dues aux hérétiques. 1688. 310 p.

586. **Huber, S.** Fallaciorum Calvini demonstratio. Vit. 1693. *4.*

SAEC. XVIII.

587. **Reyn, L. de** Antidotum adversus haeresum venena in quo enucleantur acta Lutheri ac J. Calvini. Audomari 1716.

588. **Gengell, G.** Admiranda Calvini mendacia, errores. [Admiranda Zwinglii et Calvini tribus exposita tractatibus. Pragae 1717. *4.*]

589. Unterredung zwischen Melanchthon und C., worinnen ihr überaus curieuser Lebenslauf, vielfältige Schriften nebst vielen merkwürdigen Briefen und anderer Denkwürdigkeiten enthalten. (*Eff.*) Frankf. 1720. *4.*

590. **Barckusen, C. H.** Historica narratio de J. Calvino. Hist. Nachricht von J. C., dessen Eltern, Geburt, ersten Jugend, Lebens-Art . . . (*Eff.*) Berl. 1721. 170 S. *4.*

591. **Barckhusen, C. H.** Massonis Vita Calvini quam illustravit B. animadversionibus historicis. Berol. 1722. 28 p. *4.*

592. **Manssen, C.** Gespräch zwischen Calvinischen Lehrern und den jetzigen Religionsflickern. 1724. *4.*

593. Calvinus János istene. Azaz demonstratio, melly által meg-mutattatik, hogy mind ő maga s mind Követői bálványimádók. Nyom. 1726. 92 p. (*lingua hungarica*)

594. **Crantzius a Fluvio,** Erklärung an Pythalethen auf Barckhusens Beantwortung des Critischen Briefwechsels betreffend Calvini Leben. Prentzlau 1727.

595. **Galeo,** C. Relation de son voyage aux Champs Elisées et aux enfers. Paris 1737. *16.*

596. **Fuesslin, J. C.** Dissertatio apologetica pro iudicio suo de doctrina Calvini. [Museum Helveticum. Tig. 1747. p. 634-658.]

597. Ἀπόδειξις historica, quod C. in sua de praedestinatione doctrina sibi semper constet. [*ibid.* 1749. p. 256-277.]

598. **Damianus, G. F.** Synopsis vitae, missionis, miraculorum et evangeliorum Lutheri et Calvini. Posonii 1754. — Budae 1761.

599. **(Mesnier)** Problème historique: Qui, des Jésuites, ou de Luther et C., ont le plus nui à l'Eglise chrétienne. Avignon 1757. Utrecht 1758. — 1763. *2 vol. 16.*

600. **Vorstius, C.** Ghewissen Doodt-steeck der Calviniaenschen Predestinatie. Harderswyck 1771.

601. **Merz, A.** Frage: ob Zwingel und C., die Stifter der sog. ref. Kirche, heiliger als die Stifter der luth. ev. Kirche gewesen seyen? Augsb. 1779. S. 18-33.

602. **Merz, A.** Frage: ob die Lehre der Stifter der Calvinischen oder ref. Kirche heiliger als ihre Lebensart gewesen sey? Augsb. 1779.

SAEC. XIX.

603. **Smyth, E.** St. Paul against C. Lond. 1809. *16.*

604. **Roby, W.** A defence of C. or strictures on „St. Paul against C." 1810. *16.*

605. **Smyth, E.** A confutation of Calvinism being a reply to Mr. Roby's „Defence". Lond. 1810.

606. **Gadsby, W.** A letter to E. Smyth. 1815.

607. **Vuarin,** L'ombre de Rousseau à l'ombre de C. Gen. 1835.

608. **Serre, A.** Le plan de l'hérésie de C. Toul. 1838. *fol.*

609. **E. B.** (Histoire de C. par Audin). [Courrier français. Paris 1842. 14 mars. 1½ col. *fol.*]

610. Réponse à une attaque du Courrier français contre C. [Le Lien. Paris 1842. p. 125-127. *fol.*]

611. **Smyth, Th.** C. and his enemies. Phil. 1843. — 1881. 208 p. *16.*
612. **Smyth, Th.** The life and character of C. defended. Phil. 1844.
613. **Darteln, von** C. und seine Verleumder. Widerlegung der Schrift des Dr. Reinerding. Old. 1846. 24 S.
614. **Baur, F. C.** Ehrenrettung C.'s gegen eine katholische Verunglimpfung (Jesuiten). [Theol. Jahrbücher. Tüb. 1851. S. 595-598.]
615. **Réville, A.** C. a-t-il permis de tuer un jésuite? [Bull. 1856. p. 150-153.]
616. **Ponterie, F. G. de la** „Lettres de C. publiées par J. Bonnet." [Le Correspondant. Paris 1856. p. 58-73.]
617. Vie de C. Toul. 1862. 64 p. *16.*
618. C. et les Genevois, ou la vérité sur C. par un citoyen de Genève. Gen. 1863.
619. **(Fleury)** C. à Genève. Quelques pages de sa vie à l'occasion du 300ᵉ anniversaire de sa mort par un Genevois. Gen. 1864. 130 p.
620. Courte réponse aux dernières attaques contre la brochure „C. à Genève". Gen. 1864. 20 p.
621. **Sacy, S. de** (Vie de C. par Bèze, *ed.* Franklin). [Journal des Débats. Paris 1864. 3 mai. 4 col. *fol.*]
622. Calvin et les briseurs d'images. [Bull. 1865. p. 127-131.]
623. **Froude, J. A.** Calvinism. New-York 1871.
624. **Joung, J.** Froude and C. [The contemporary Rev. Lond. 1873. p. 431-439.]
625. **Thelemann, O.** Zur Ehrenrettung C.'s (gegen die Jesuiten). [Ev. ref. Kirchenzeitung. Detm. 1872. S. 33-63.]
626. **Lemoyne, G. B.** Il Tiberio della Suizzera ossia Giovanni Calvino. Tor. 1877.

627. **Barthélemy, Ch.** C. jugé par lui-même et par les siens. [Erreurs et mensonges historiques. Paris 1879. III. p. 1-33.]
628. **Galiffe, J. B. G.** Lettre d'un protestant genevois aux lecteurs de „La France protestante" à propos de l'article „Bolsec". Gen. 1880. 19 p.
629. **Bordier, H.** L'école historique de J. Bolsec. Gen. 1880. 73 p.
630. **Galiffe, J. B. G.** Deuxième lettre d'un protestant genevois aux lecteurs de „La France protestante", soit duplique du dit à propos des pamphlets Bordier-Bolsec. Gen. 1881. 51 p.
631. **Dardier, Ch.** Les moeurs de Calvin (Réponse à une question de P. Masson). [Intermédiaire des chercheurs et curieux. Paris 1890. p. 582. 667-670.]
632. **Bell, J.** J. C., his errors. New-York 1891. 82 p.
633. **Lanphear, O. T.** Some misapprehensions concerning C. [Bibliotheca sacra. Oberl. 1896. p. 401-428.]
634. **Weiss, N.** C. et les Jésuites. [Bull. 1894. p. 556. — *ibid*. 1896. p. 5-10.]
635. **Sabatier, A.** Histoire d'une fausse citation. Réponse au père Brucker. [Rev. chrét. 1896. I. p. 457-463.]
636. **Brucker, J.** C., les Jésuites et M. A. Sabatier. [Etudes religieuses, publiées par la compagnie de Jésus. Paris 1896. tome 67. p. 683-689.]
637. **Brucker, J.** Observations sur une réponse de M. A. Sabatier. [*ibid*. tome 68. p. 511-519.]
638. **Sabatier, A.** C., Pascal, les Jésuites et M. F. Brunetière. [Rev. chrét. I. 1896. p. 161-166.]
639. **Sabatier, A.** La fin de la liquidation Brunetière. [Le Siècle. Paris 1898. 6 sept. 2 col. *fol.*]
640. **Kenninck, F.** Le jansénisme et le calvinisme sur la réprobation. [Rev. internationale de théo-

logie. Berne 1898. p. 804-812. — *ibid.* 1899. p. 376-379.]

641. **Moore, Dunlop** Jansenism and calvinisme compared. [*ibid.* 1899. p. 373-376.]

SCRIPTA QUAE DE CALVINI MUNERIBUS ECCLESIASTICIS ET PUBLICIS HABENTUR.

CALVINUS INTERPRES ET TRANSLATOR BIBLIORUM.

642. **Meyer, G. W.** Geschichte der Schrifterklärung. Gött. 1802. II. S. 448-480.

643. **Tholuck, A.** Die Verdienste C.'s als Ausleger der Heiligen Schrift. [Vermischte Schriften. Hamb. 1839. II. S. 330-460.]
Transl. Woods, C. as an interpreter of the holy scripture. Edinb. 1845. — 1855.

644. **Gotch, F. W.** C. as a commentator. [The Journal of sacred literatur. Lond. 1849. p. 222-236.]

645. **Reuss, Ed.** C. considéré comme exégète. [Rev. de théologie. Strasb. 1853. VI. p. 223-248.]

646. **Vesson, A.** C. considéré comme exégète. *Diss.* Mont. 1855. 55 p.

647. **Pierson, A.** K. als exegeet. [Nieuwe Studiën. Amst. 1883. p. 170-225.]

648. **Farrar, F. W.** C. as an expositor. [The Expositor. Lond. 1884. p. 426-444.]

649. **Farrar, F. W.** History of interpretation. Lond. 1886. Lond. p. 342-354.

650. **Schaff, Ph.** C. as a commentator. [Presbyterian and ref. Rev. Phil. 1892. p. 462-469.]

---

651. **Richard Simon,** Histoire critique du Vieux Testament. Rott. 1685. p. 434-436. *4.*

652. **Diestel, L.** Geschichte des Alten Testaments in der christlichen Kirche. Jena 1869.

653. **Forestier, V.** C. exégète de l'Ancien Testament. *Diss.* Laus. 1873. 24 p.

654. **Baumgartner, A. J.** C. hébraisant et interprète de l'Ancien Testament. Paris 1889. 62 p.
Rec. La Vie chrétienne. Nîmes 1889. p. 29-65. — Vuilleumier. Rev. de théol. et de phil. Laus. 1889. p. 211-216.

---

655. **Richard Simon,** Histoire critique des principaux commentateurs du Nouveau Testament. Rott. 1693. p. 745-751. *4.*

656. **Escher, D. G.** Disquisitio de Calvino librorum Novi Testamenti interprete. *Diss.* Traj. ad Rh. 1840. 140 p.

657. **Gaufrès, M. J.** Commentaires de J. C. sur le Nouveau Testament. [Bull. 1857. p. 244-249.]

Vide quoque 421-426.

---

658. **Reuss, Ed.** Fragments littéraires et critiques relatifs à l'histoire de la Bible française. [Rev. de théol. Strasb. 1865. p. 217-252. — *ibid.* 1866. p. 1-48. 281-322. 388-390.]

659. **Berger, S.** La Bible au 16ᵉ s. *Diss.* Paris 1879. p. 115-127.

660. **Bonnet, J.** La Bible française. [Rev. chrét. 1857. p. 337-343.]

661. **Douen, O.** L'histoire du texte de la Bible d'Olivetan. [Rev. de théol. et de phil. Laus. 1889. p. 176-206. 285-317.]

CALVINUS REFORMATOR CULTUS.

662. **Doumergue, E.** Essai sur l'histoire du culte réformé. Paris 1890. p. 1-117.
663. **Achelis, E. Chr.** Lehrbuch der praktischen Theologie. Leipz. 1898. *2. ed.* S. 540-545.
664. **Rietschel, G.** Lehrbuch der Liturgik. Berl. 1899. S. 414-418.
665. **Stern, E.** La théorie du culte d'après C. *Diss.* Strasb. 1869. 43 p.
666. **Heiz, J.** C.'s liturgische Grundsätze. [Zeitschrift für prakt. Theologie. Frankf. a. M. 1887. S. 333-367.]
667. **Lafon, L.** Les liturgies des églises réformées de France. [Rev. théologique. Mont. 1884. p. 123-135.]
668. **Doy, A.** Les liturgies de la Ste Cène dans les églises réformées de langue française. *Diss.* Paris 1891. p. 18-34.
669. **Erichson, A.** Die calvinische und altstrassburgische Gottesdienstordnung. Strassb. 1894. 35 S.
   Rec. Horst. La Vie chrét. Nimes 1894. p. 98-102.
   — Bull. 1894. p. 111-112. — L'Eglise libre. 1894. No. 4.
   — Pfender. Le Témoignage. Paris 1894. p. 51-52.
   — A. W. *ibidem* 98-99. — Kirkelijke Courant. 'Grav. 1894, mei. — Smend. Zeitschrift für prakt. Theologie. Frankf. a. M. 1894. S. 85—86. — Bossert. Theol. Literaturblatt. Leipz. 1895. S. 389-390.
670. **Erichson, A.** L'origine de la Confession des péchés dite de C. [Rev. chrét. 1896. p. 167-179.] Dole 1896. 15 p.
671. **Erichson, A.** Zur Geschichte der altstrassburgischen evangelischen Trauordnung. [Monatschrift für Gottesdienst und kirchliche Kunst. Gött. 1900. S. 134-142. 163-174.]
   Rec. A. W. Le Témoignage. Paris 1900. p. 236-237.
672. **Büchsenschütz, L.** C. et la liturgie de Strasbourg. [Hist. des liturgies de langue allemande

dans l'église de Strasbourg au 16° s. *Diss.* Cahors 1900. p. 106-110.]

673. **Viguié, A.** Du rôle liturgique du Symbole des apôtres. [Rev. de théol. et de phil. Laus. 1886. p. 430-432.]

674. **Bovet, F.** Histoire du psautier des églises réformées. Neuch. 1872. p. 13-19 *et passim.*
675. **Douen, O.** Clément Marot et le Psautier Huguenot. Paris 1878. I. p. 362 *ss. et passim.*
676. **Mitchell, A. F.** C. and the Psalmody of the reformed churches. [Catholic Presbyterian. Lond. 1879. I. p. 161-174.]
677. **Doumergue, E.** C. et le Chant. [Le Christianisme au 19° s. Paris 1889. p. 211. *fol.*]
   Transl. C. und der Gesang. [Ref. Kirchenzeitung. Erl. 1889. S. 743-746.]
678. **Zahn, Ad.** C. als Dichter. [Zeitschrift für kirchliche Wissenschaft und kirchliches Leben. Leipz. 1889. S. 315-319.]
679. **Sebesta,** Ein Abendmahlslied C.'s. [Evang. ref. Blätter. 1893. No. 2-5.]
680. **N.** Eine alte Strassburger Melodie. [Els. evang. Sonntagsblatt. Strassb. 1879. S. 372-377.]
681. **W(abnitz), A.** Un chant de la réformation. [Le Témoignage. Paris 1894. p. 340-341. *fol.*]
682. **Rapin, E.** La Réforme du 16° s. et l'évolution musicale. [Rev. de théol. et de phil. Laus. 1897. p. 40-50.]

CALVINUS ORATOR.

683. **Hering, H.** Die Lehre von der Predigt. Berl. 1897. I. S. 110-113.

684. **Flamand, F.** Etude sur C. considéré comme prédicateur. *Diss.* Strasb. 1847. 48 p.

685. **Goguel, G.** La prédication protestante avec prières au temps de la réforme. Ste Suzanne 1857. p. 39-70. *16.*

686. **Viguié, A.** (C. prédicateur) [Discours d'inauguration à la fac. de Théologie. Paris 1879. p. 18-37.]

687. **Viguié, A.** Sur les Sermons de C. sur Job. [Bull. 1882. p. 466-474. 504-511. 548-555.]

688. **Krauss, A.** C. als Prediger. [Zeitschrift für praktische Theologie. Frankf. a. M. 1884. S. 225-258.]

689. **Pasquet, E.** Essai sur la prédication de C. *Diss.* Gen. 1888. 88 p.

690. **Watier, A.** C. prédicateur. *Diss.* Gen. 1889. 128 p.

691. **Cruvellier, A.** Etude sur la prédication de C. *Diss.* Mont. 1895. 90 p.

692. **Biesterveld, P.** C. als Bedienaar des Woords. Kampen 1897. 198 p.

CALVINUS CATECHISTA.

693. **Champendal, H.** Examen critique des catéchismes de Luther, C., Heidelberg, Osterwald et Saurin. *Diss.* Gen. 1858. p. 30-39.

694. **Schmidt, C. E.** Comparaison des catéchismes de Luther, C., Heidelberg, Osterwald et Saurin. *Diss.* Strasb. 1858. p. 27-36.

695. **Gonin, L.** Les catéchismes de C. et Osterwald. *Diss.* Mont. 1893. 114 p.

696. **Diehl, W.** C.'s Auslegung des Dekalogs in der ersten Ausgabe seiner Institutio und Luthers Katechismen. [Theol. Studien und Kritiken. Gotha 1898. S. 141-162.]

697. **Roser, H.** Le Notre-Père, expliqué par Luther, Zwingle et C. *Diss.* Rouen 1894. p. 34-41. 51-58.

Vide quoque 351-361.

CALVINUS RERUM ECCLESIASTICARUM ET CIVILIUM CURATOR ET RECTOR.

698. **Hardeland, A.** Geschichte der speziellen Seelsorge in der vorreformatorischen Kirche und der Kirche der Reformation. Berl. 1898. S. 270-275.
699. **Bonnet, L.** C. et la cure d'âmes. [Rev. chrét. 1855. p. 321-338. 513-529.]
700. **Martin, P.** Un directeur spirituel au 16° s. *Diss.* Mont. 1886. 52 p.
701. **Drews, P.** Die Anschauungen reformatorischer Theologen über die Heidenmission. [Zeitschrift für praktische Theologie. Frankf. a. M. 1897. S. 289-297.]

---

702. **Martin, G. A.** C. et les confessions de foi. *Diss.* Mont. 1885. 114 p.
703. **C.** C. über die Separation. [Ev. ref. Kirchenzeitung. Detm. 1876. S. 264-265.]
704. **Blackburn, W. M.** C.'s love of christian union. [American presbyterian and theol. Rev. New-York 1868. p. 223-252.]
705. **Jonker, J. Th.** Kalvinistische ingenomenheit met Rome, van K. zelven getoetst. Rott. 1889. 43 p.

---

706. **Richter, L.** Geschichte der ev. Kirchenverfassung. Leipz. 1851. S. 166-175.
707. **Hundeshagen, K. B.** Beiträge zur Kirchenverfassungsgeschichte. Wiesb. 1864. S. 288-297.

708. **Rieker, K.** Grundsätze ref. Kirchenverfassung. Leipz. 1899. S. 1-8 *et passim*.

709. **Devisme, J. Th.** Des principes d'organisation ecclésiastique de C. et de leur application à Genève et en France. *Diss.* Strasb. 1838. 22 p. *4.*

710. **Weber, F.** Exposé des vues ecclésiastiques de Zwingle et de C. *Diss.* Strasb. 1847. 39 p.

711. **Lys, E.** Etude sur C. considéré comme organisateur de l'Eglise. *Diss.* Toul. 1854. 60 p.

712. **Favre, J.** Exposé critique des principes ecclésiastiques de C. et des institutions qui en découlent. *Diss.* Laus. 1864. 78 p.

713. **Straub, L.** Opinions de C. sur le ministère ecclésiastique comme gouvernement extérieur de l'Eglise. *Diss.* Strasb. 1865. 44 p.

714. **Rognon, P.** C., ses idées ecclésiastiques, politiques et morales. Toul. 1880.

715. **Heiz, J.** C.'s kirchenrechtliche Ziele. [Theol. Zeitschrift aus der Schweiz. Zür. 1893. S. 10-27. 70-81.]

Vide quoque 467-476.

716. **Weber, G.** Geschichtliche Darstellung des Calvinismus im Verhältniss zum Staat in Genf und Frankreich. Heidelb. 1836. S. 1-33.

717. **Tissot, F.** Les relations entre l'Eglise et l'Etat à Genève au temps de C. *Diss.* Laus. 1874. 86 p.

718. **B.** C. at Genevä. [Fraser's Magazine. Lond. 1876. p. 758-768.]

719. **Roget, F. F.** A criticism of current ideas on C. Edinb. 1885. 34 p.

720. **Ebeling, F.** Ein protestantischer Kirchenstaat. [Ev. Kirchenzeitung. Greifsw. 1886. No. 41-46.]

721. **Wipper, R.** La science et le mouvement politique au 16⁰ s. Moscou 1894. (*lingua russica*)

Transl. (*Résumé*) L'Eglise et l'Etat à Genève au 16⁰ s. à l'époque du Calvinisme. [Bull. de la société d'histoire et d'archéologie de Genève. Gen. 1892-1897. p. 495-505.]

722. **Choisy, E.** La théocratie à Genève au temps de C. Gen. 1897. 288 p.

Rec. R. Stähelin. Deutsche Literaturzeitung. Berl. 1898. col. 1145-1147. — Benrath. Theol. Literaturzeitung. Leipz. 1900. S. 347.

723. **Biesterveld, P.** C. gewaardeerd in sijne politieke beginselen. [Tijdschrift voor geref. Theol. Kampen 1900. p. 272-276.]

724. **Merle d'Aubigné, J. H.** J. C., un des fondateurs des libertés modernes. Paris 1868. 57 p.

Transl. Balogh, Emlékbeszéd Kálvin felest. Debreczen 1878. 63 p.

725. **Hundeshagen, K. B.** Ueber den Einfluss des Calvinismus auf die Idee vom Staat und staatsbürgerlicher Freiheit. Bern 1842. [Ausgewählte Schriften. Gotha 1875. II. S. 44-52.]

726. **Doumergue, E.** C. le fondateur des libertés modernes. [Rev. de théol. et des questions rel. Mont. 1898. p. 685-713.]

Rec. Pillon. Annales de bibliographie théol. Paris 1899. p. 78-79.

727. **Proosdij, C. van** C., een strijder voor de antirevolutionaire beginselen. Leid. 1899. 38 p.

728. **Bornand, Fr.** C., agent provocateur. [Helvetia. Bern. S. 153-165.]

---

729. **Bluntschli, J. C.** C. [Deutsches Staatswörterbuch. Stuttg. 1857. S. 319-328.]

730. **Paulus, H. E. G.** C. [Staatslexikon oder Encyklopädie der Staatswissenschaft. Leipz. 1859. *3. ed.* S. 292-307.]
731. **Wiskemann, H.** Darstellung der in Deutschland zur Zeit der Reformation herrschenden nationalökonomischen Ansichten. [Schriften der Jablonowskischen Gesellschaft. Leipz. 1861. S. 79-87. *4.*]
732. **Elster, L.** C. als Staatsmann, Gesetzgeber und Nationalökonom. [Jahrbuch für Nationalökonomie und Statistik. Jena 1878. S. 163-223.]
733. **Baudrillart, H.** Tableau des théories politiques et des idées économiques au 16ᵉ s. Paris 1883. p. 33-43.
734. **Janet, P.** C. [Histoire de la science politique dans ses rapports avec la morale. Paris 1887. II. p. 25-30.]
735. **Heiz, J.** C.'s Stellung zum Armenwesen. [Prot. Kirchenzeitung. Berl. 1887. S. 1193-1204.]

CALVINUS SCHOLARCHA.

736. **Schmidt, K.** Die Geschichte der Pädagogik in weltgeschichtlicher Entwicklung und in organischem Zusammenhang mit dem Culturleben der Völker dargestellt. Cöthen 1870. III. S. 85-92.
737. **Schmid, K. A.** Geschichte der Erziehung von Anfang an bis auf unsere Zeit. Stuttg. 1889. II. S. 249-275.
738. **Lange, K. A.** C. [Schmid: Encyclopädie des gesammten Erziehungs- und Unterrichtswesens. Gotha 1859. I. S. 754-759. *8 maior.*]
739. **Wagenmann, C.** [*ibid. 2. ed.* 1876. I. S. 801-812.]
740. **C.** [Rolfus und Pfister: Realencyklopädie des Erziehungs- und Unterrichtswesens nach katholischen Principien. Mainz 1872. S. 348-357.]

741. **Schenck, J. C.** J. C.'s Verdienste auf dem Gebiete der Erziehung und des Unterrichts. Frankf. a. M. 1863. 31 S.

742. **Damagnez, A.** Influence de C. sur l'instruction. *Diss.* Mont. 1886. 52 p.

743. **Heiz, J.** C.'s Thätigkeit für die Schule. [Zeitschrift für praktische Theol. Frankf. a. M. 1889. S. 1-29.]

744. **Kuyper, K. H.** De opleiding tot den dienst des Woords by de gereformeerden. s' Gravenh. 1891. p. 133-246.

---

745. **Thelemann, O.** Die Calvin-Schule in Genf. [Ev. ref. Kirchenzeitung. Detm. 1868. S. 35-53.]

746. **Morel, L.** L'instruction et les lettres à Genève au 15e et 16e s. [Centralblatt der Zofingia. Bern 1871-1872. S. 377-395.]

747. **Cellérier, J. E.** Esquisse d'une histoire abrégée de l'Académie fondée par C. en 1559. Gen. 1872. p. 1-32. {Bull. 1856. p. 13-26.]

748. **Borgeaud, Ch.** C., fondateur de l'Académie de Genève. Paris 1897. 53 p. [Rev. internationale de l'enseignement. Paris 1896. p. 97-111. 328-345. 425-441.]

749. **Kolfhaus.** C. als Professor. [Ref. Kirchenzeitung. Erl. 1899. S. 210-212.]

SCRIPTA DE CALVINO SCRIPTORE GALLICO.

750. **Gérusez, E.** Histoire de l'éloquence politique et religieuse en France. Paris 1837. p. 192-285.

751. **Gérusez, E.** Plutarque français. Paris 1846. p. 403-446. *4.*

752. **Gérusez, E.** Essais d'histoire littéraire. Paris 1853. *2. ed.* I. p. 224-286.
 Rec. Castel. L'Espérance. Paris 1854. p. 129-131. 151-153.

753. **Gerusez, E.** Histoire de la littérature française. Paris 1872. *7. ed.* I. p. 331-344. — *14. ed.* 1880. I. p. 330-341.

754. **Sayous, A.** Etudes littéraires sur les écrivains français de la Réformation. Paris 1841. — 1854. *2. ed.* I. p. 67-180.

755. **Nisard, D.** Histoire de la littérature française. Paris 1844. 1. 279-318. — 1854. I. p. 280-319. — 1874. *5. ed.* I. p. 306-340.

756. **Rambert, E.** C. [Rev. Suisse. Neuch. 1857. p. 101-131. 443-468. 512-526. — Etudes littéraires sur C., Pascal . . Laus. 1890. p. 3-122.]

757. **Reaume, E.** La Réforme et les réformateurs. [Les prosateurs français du 16ᵉ s. Paris 1869. p. 115-139.]

758. **Albert, P.** La réformation. [La littérature française des origines à la fin du 16ᵉ s. Paris 1872. — 1881. *4. ed.* p. 146-178.]

759. **Merlet, G.** Origines de la littérature française. Paris 1873. p. 367-383.

760. **Lenient, C.** C. Pamphlets théologiques. [La Satire en France ou la littérature militante au 16ᵉ s. Paris 1877. I. p. 175-183. 234.]

761. **Godefroy, Fr.** Histoire de la littérature française depuis le 16ᵉ s. Paris 1878. p. 87-105.

762. **Monnier, Marc** C. [La Réforme de Luther à Shakespeare. Paris 1885. p. 42-110.]

763. **Rossel, V.** C. [Histoire littéraire de la Suisse romande, des origines à nos jours. Gen. 1889. I. p. 100-133.]

764. **Rossel, V.** Histoire de la littérature française hors de France. Paris 1895. p. 32-47. — *2. ed.* 1897.

765. **Godet, P.** C. à Genève. [Histoire littéraire de la Suisse française. Paris 1890. p. 85-102. — 1895.]

766. **Gauthiez, P.** C., l'homme, sa vie et son oeuvre. [Etudes sur le 16ᵉ s. Paris 1893. p. 304-337.]

767. **Faguet, E.** C. [Seizième siècle. Etudes littéraires. Paris 1894. p. 127-197.]

768. **Lanson, G.** J. C. Hist. de la littérature française. Paris 1895. — 1896. *4. ed.* p. 258-264.

769. **Gidel, Ch.** Histoire de la littérature française depuis la renaissance jusqu'à la fin du 16ᵉ s. Paris 1897. p. 94-99 *et passim*.

770. **Petit de Julleville, L.** Théologiens et prédicateurs. [Histoire de la langue et de la littérature française. Paris 1897. III. p. 319-354.]

---

771. Glossaire des locutions obscures et des mots vieillis qui se rencontrent dans les oeuvres de J. C. Paris 1855. 42 p. *8 maior*.

772. **Grosse, K.** Syntaktische Studien zu Jean C. [Herrig's Archiv für das Studium der neueren Sprachen und Literaturen. Braunschw. 1879. S. 243-296.] Giessen 1888. 61 S.

773. **Birch-Hirschfeld, A.** Geschichte der französischen Literatur seit Anfang des 16. J. Stuttg. 1889. I. S. 25-31.

774. **Haase, A.** Syntaktische Notizen zu Jean C. [Zeitschrift für französische Sprache und Literatur. Oppeln 1890. S. 193-230.]

OPUSCULA VARIA IN QUIBUS CALVINI VITA, INGENIUM ET DOCTRINA AESTIMANTUR.

775. X.. De C. et du Calvinisme. Essais sur l'histoire du protestantisme. [Annales protestantes. Paris 1820. p. 290-301.]

776. **Bretschneider, K. G.** Ueber die Bildung und den Geist C.'s und der Genfer Kirche. (*Eff.*) [Reformationsalmanach von Keyser. Erfurt 1821. S. 1-138. *16.*]
> *Transl.* Félice, De C. et l'Eglise de Genève. Gen. 1822. 171 p.
> *Rec.* A. N. Archives du christianisme. Paris 1822. p. 488-493.

777. Zur Charakteristik J. C.'s, von einem Züricher Gelehrten. [*ibid.* S. XIX-LXIV.]

778. **Huet, P. J. L.** Jets over C. [Nieuw christl. Maandschrift. Amst. 1830. p. 617-658. 1831. p. 617-657. 1832. p. 69-111. 1833. p. 207-240.]

779. **Geer, B. R. de** Het zedelijke Karakter der voornamste hervormers. 's Gravenh. 1831. p. 347-518.

780. **Flach, H.** Parallèle entre Zwingli et C. *Diss.* Strasb. 1832. 18 p. *4.*

781. C. [Le jubilé de la Réformation. Histoires d'autrefois. Gen. 1835. p. 149-217. *16.*]

782. **Gaberel, J.** C. à Genève, ou appréciation de l'influence religieuse et sociale de ce réformateur sur cette ville. Gen. 1836. 248 p.

783. **Gelzer, H.** C. [Die drei letzten Jahrhunderte der Schweizergeschichte. Aarau 1838-1839. S. 91-110.]

784. **Tagart, Ed.** Sketches of the lives and characters of the leading Reformers of the 16 cent. Lond. 1843. p. 25-43.
> *Transl.* Lindau, Charakterbilder der vornehmsten Reformatoren des 16. Jahrh. Dresden 1844. S. 21-40.

785. **Schwartz, C.** Wie was C. en wat heft hy gedaan? Amst. 1844. 114 p. *16.*
786. **Goebel, M.** J. C. und die Reformation in Genf und Frankreich. [Geschichte des christl. Lebens in der rheinisch - westphälischen ev. Kirche. Coblenz 1849. I. S. 293-318. — 1862. I. S. 293-323.]
787. **Banks, Ch. Waters** The life and times of J. C. Lond. 1851.
788. **Wight, O. W.** The Man C. [The Universalist Quarterly Rev. Boston 1851. p. 255-271.]
789. **Bancroft, G.** A Word on C. the Reformer. [Historical Miscellanies. New-York 1855. p. 405-407.]
790. **Renan, E.** C. [Journal des Débats. Paris 1855. 5 sept. — Etudes d'histoire religieuse. Paris 1862-1864. p. 337-355.]
   Transl. Frothingham, Studies of religious history and criticism. New-York 1864. p. 285-297.
791. **J. C.** [American Presbyt. Rev. Phil. 1854. p. 104-134.]
792. **Gaufrès, M. J.** Le caractère protestant au 16° s. en France. [Bull. 1855. p. 681-685.]
793. **Gaufrès, M. J.** A propos des Lettres françaises. *ed.* Bonnet. [*ibid.* 1856. p. 403-421.]
794. **Dardier, Ch.** C. Notices et caractères hist. d'après les Lettres françaises, *ed.* Bonnet. [Le Lien. Paris 1857. p. 9-11. 73-74. 81-82.]
795. **Listov, A.** J. C. oj Reformationen i Genf. [Dansk. Maandskrift. Kjöb. 1857.]
796. **Schaff, Ph.** J. C. [Bibliotheca sacra. And. 1857. p. 125-146.]
797. **Sirven, L.** Etude sur C. d'après les Lettres françaises. *Diss.* Strasb. 1857. 33 p.
798. **Schöppner, A.** C. [Charakterbilder der allg. Geschichte. Schaffh. 1858. III. S. 123-129.]

799. **Tulloch, J.** C. [Leaders of the Reformation. Edinb. 1859. — 1860. p. 147-241. — 1883.]

800. **Fisher, J. W.** J. C. and John Wesley. [Occasional Sermons and Addresses. New-York 1860. p. 276-340.]

801. **Bungener, F.** C. dans ses écrits. [Etrennes religieuses. Gen. 1862. p. 204-223.]

802. **Krummacher, E. W.** und **H.** J. C. Leben und Auswahl seiner Schriften. [Klaiber: Ev. Volksbibliothek. Stuttg. 1862. S. 585-593.]

803. **Merle d'Aubigné, J. H.** Caractère du réformateur et de la réformation de Genève. Gen. 1862. 39 p.

Transl. Merschmann, Die geschichtliche Bedeutung C.'s und der Reformation von Genf. Lissa 1865. 48 S. — Rácz. (*lingua hungarica*) Arad 1892. 51 p.

804. J. C. [The Boston Rev. 1863. p. 153-162. 292-303. 400-411. 492-503. 608-627.]

805. **Franklin, A.** C. et son oeuvre. [*Ed.* Vie de C. par Bèze. Paris 1864. p. I-LIII. — 1869. *16.*]

806. **Krauss, A. E.** C. vor der exacten Geschichte. [Kirchenblatt für die ref. Schweiz. Zür. 1864. S. 187-191. 198-202.]

807. **P. B.** Geneva in the time of C. [Evang. Christendom. Lond. 1864. p. 263-269.]

808. **P. B.** The Man C. [*ibid.* 1864. p. 316-321.]

809. C. and Calvinism. [*ibid.* p. 7-12.]

810. **Thomson, A.** J. C., the man and the doctrine. Lond. 1864.

811. **Schellenberg, J. C.** J. C. [Zeitstimmen aus der ref. Kirche der Schweiz. Wint. 1864. S. 217-231.] Mannheim 1864. 55 S.

812. **Viguet, C. O.** Etude sur le caractère distinctif de C. Gen. 1864. 60 p.

813. C.'s religiöser Charakter. [Der Sonntagabend. Berl. 1864. S. 245-250.]

814. Zum Gedächtniss C.'s. [Prot. Kirchenzeitung. Berl. 1864. S. 409-423.]

815. **Häusser, L.** C. [Geschichte des Zeitalters der Reformation. Berl. 1868. S. 273-289.]

816. **Schaff, Ph.** C.'s Life and Labors. [Presbyterian Quarterly and Princeton Rev. New-York 1875. p. 254-272.]

817. **Tiffany, O.** Sketch of J. C. [Sacred Biography and History. Lond. 1875. p. 574-581.]

818. **Gaberel, J.** C. et Rousseau. Gen. 1878. p. 3-123. *16.*

819. **Kattenbusch, F.** J. C. [Jahrbücher für Deutsche Theologie. 1878. S. 353-375.]

820. **Köhler, Th.** Les lettres françaises de J. C. [Jahresbericht der Fürstenschule von Meissen. 1879. S. 43-48. *4.*]

821. **Engelhardt, M. von** J. C. und seine Reformation. [Mittheilungen und Nachrichten für die ev. Kirche von Russland. Riga 1880. S. 337-357.]

822. **Vaucher, P.** C. et les Genevois. [Anzeiger zur schweizerischen Geschichte. Soloth. 1880. S. 344-348.]

823. **Philippson, M.** C. [Westeuropa im Zeitalter von Philipp II. Onken: Allg. Gesch. in Einzeldarstellungen. (*Eff.*) Berlin 1882. S. 7-40.]

824. **Barker, E. R.** C. [Catholik World. New-York 1883. p. 769-783.]

825. **Beard, Ch.** The Reformation of the 16 century. Lectures. Lond. 1883. p. 225-261 *et passim.*
Transl. Halverscheid, Die Ref. des 16. Jahrh. Berl. 1884. S. 222-298.

826. **Laan, A. K.** Zwingli und C., die Begründer der ref. Kirche. Aurich 1883. 24 S.

827. **Herrick, S. E.** C. [Some Heretics of Jesterday. Bost. 1884. p. 207-234.]
828. **Klinkenberg, W. F. K.** K. en het Kalvinism. Leeuw. 1887. 32 p.
829. **Monvert, C.** Sur le caractère de Bèze et C. [Chrétien evangélique. Rev. rel. Laus. 1887. p. 202-213.]
830. **Trechsel, Fr.** J. C. [Bilder aus der Geschichte der prot. Kirche. Bern 1889. S. 21-31.]
831. **Anelli, L.** Calvino. [Il reformatori nel s. XVI. Milano 1891. I. p. 348-379.]
832. **Marcks, E.** C. und der Calvinismus. [Gaspard von Coligny. Stuttg. 1892. I. S. 281-306.]
833. **Dilthey, W.** Das natürliche System der Geisteswissenschaften im 17. Jahrh. [Archiv für Geschichte der Philosophie. Berl. 1893. S. 528-545.]
834. **Lang, A.** Luther und C. [Deutsch-ev. Blätter. Halle 1896. S. 319-332.]
835. **Kolfhaus,** C.'s Bedeutung für unsere Zeit. Elb. 1899. 22 S. [Ref. Kirchenzeitung. Erl. 1898. S. 396-399. 403-406.]
836. **Bollow,** Die drei Reformatoren in ihrer Eigenart. [Der Protestant. Berl. 1899. S. 1048-1051. *4 maior.*]
837. **Johnson, T. C.** J. C. and the Genevan reformation. Richmond 1900. 94 p.

ORATIONES, CARMINA, FABULAE QUAE DE CALVINO AGUNT.

838. **Billet, J.** A tribute of gratitude to the memory of J. C. Lond. 1844. 60 p.
839. **Perrot, M.** C. et ses élèves et les jeunes chrétiens d'aujourd'hui. Gen. 1858. *16.*

840. **Herzog, J. J.** Discours prononcé à Genève. [Rapports de l'Alliance évangélique 1861. p. 391-403.]

841. **Merle d'Aubigné, J. H.** Enseignement de C. pour le temps actuel. Gen. 1864. 31 p.
Cinq discours prêchés à Genève le 29 mai 1564. Gen. 197 p. *seq. No. 842-846:*

842. **Oltramare, M. J. H.** C. ouvrier avec Dieu. [Etrennes religieuses. Gen. 1865. p. 147-152.]

843. **Coulin, F.** C. dans ses faiblesses. [*ibid.* p. 152-159.]

844. **Tournier, L.** C. homme du devoir. [*ibid.* p. 159-167.]

845. **Bungener, F.** Les ennemis de C. [*ibid.* p. 167-177.]

846. **Gaberel, J.** C. nous rendant l'Evangile. [*ibid.* p. 178-189.]

847. **Bungener, F.** Il tint ferme. Discours sur C. Gen. 1864. 37 p.
Transl. Hasebroek, Hij hield zich vast. Amst. 1864.

848. **Félice, F. de** Le 300ᵉ anniversaire de la mort de C. Paris 1864. 72 p.

849. **Goguel, G.** J. C. Troisième anniversaire séculaire de sa mort. Melun 1864. 7 p.

850. **Vèzes, L.** Anniversaire de le mort de C. [Le Disciple de Jésus-Christ. Paris 1864. p. 373-390.]

851. Souvenir du 3ᵉ anniversaire séculaire de la mort de C. Gen. 1864.

852. **Culmann, F. W.** Noch ein Wort zum Verständniss der Worte Gal. 3, 20. Zur Säcularfeier des Todestages C.'s. Strassb. 1864. 35 S.

853. **Ebrard, J. H. A.** Das Werk Gottes in C. Erl. 1864. 23 S.

854. **Fritzsche, O. F.** Gedächtnissrede bei der Feier des 300j. Todestages C.'s. Zür. 1864. 28 S.

855. **Stöber, Ad.** C.'s Eifer um Gottes Haus. Gedächtnissrede bei seiner 300j. Todesfeier. Mülh. 1864. 19 S.

856. **Thelemann, O.** Der 27. Mai. [Ev. ref. Kirchenzeitung. Erl. 1864. S. 129-141.]
857. **Wilkens, C. A.** Gedächtnisspredigt bei der 3. Säcularfeier des Todestages C.'s. Wien 1864. 28 S.
858. **J. C.** Zur 300j. Gedächtnissfeier. Freib. i. B. 14 S.
859. **Loomann, T. M.** J. K. Eene bidrage tot de pletige viering van den 300 j. gedenktag van het overlyden des grooten hervormers. Amst. 1864. 31 p. *16.*
860. **Rhijn, L. J. van** J. K., waarin en hoe door ons na te volgen? Kerkelijke Gedachtenisrede. 's Grav. 1864. 37 p.
861. **Schwartz,** Ter Erinnering aan C.'s 300j. sterfdag. Amst. 1864. 64 p.
862. **Hargues, E. d'** Rede zur Einweihung des C.-Denkmals. Berl. 1865. 14 S.

---

863. **Chandieu, Ant. de** Un sonnet sur la mort de J. C. *Transl.* Ev. ref. Kirchenzeitung. Erl. 1864. S. 155-156.
864. **Roehrich, L.** C. et Farel. Poèsie. [Etrennes religieuses. Gen. 1866. p. 257-264.]
865. **Fröhlich, A. E.** J. C. Zehn Gesänge zu dessen 300j. Todesfeier. Zür. 1864. 225 S.
866. **Stöber, Ad.** C. Reformatorenbilder. Basel 1857. S. 41-52. *16.*
867. **Nhs.** Zum 10. Juli. Geburtstag von J. C. [Ref. Kirchenzeitung. Erl. 1888. S. 417.]

---

868. **Lacroix, P. J.** (Bibliophile Jacob) Le Fouet. [Soirées de Walter Scott à Paris. Paris 1829. p. 285-314.]
869. **Beugnon, H. de** Lucia de Mommor. Paris 1866.
Transl. Lucia de Mommor und C.'s Schreckensherrschaft in Genf. Cöln 1868.

870. **König, Th.** C. Culturhistorischer Roman. Leipz. 1861. *3 vol.* 1055 S.
871. **Andrä, M.** (Rómanek) Ein Martyrium in Genf. Culturhistorisches Zeitbild aus dem 16. Jahrh. Berl. 1887. 517 S.
872. **Ring, M.** Die Genfer. Trauerspiel in 5 Akten. Bresl. 1850. 140 S. *16.*
873. **Hermann, G. Th.** C. und Servedo. Ein Trauerspiel in 5 Akten. Berl. 1852. 147 S.
874. **Hesse, A.** Serveto. Trauerspiel in 5 Akten. Neuhaldensleben (1866). 156 S.
875. **Hamann, A.** M. Servet. Trauerspiel in 5 Aufzügen. Berl. 1881.
876. **Waldmann, H.** Servet. Trauerspiel. Brem. 1881. 185 S.
877. **Messner, M.** M. Servet. Historisches Drama. Leipz. 1884. 128 S.
878. **Ruseler, G.** Servet. Ein Trauerspiel aus der Zeit C.'s. Varel a. d. J. 1892. 138 S. *16.*
879. Juan Calvino, o los Libertinos de Ginebra. Drama en cinco actos y en prosa. Madrid 1861.
880. **Echegaray, J.** La muerte en los labios. Drama en três actos y en prosa. Madrid 1883.

ADDENDA ET CORRIGENDA.

52 *bis.* **Audin, V.** Histoire de la vie, des ouvrages et des doctrines de C. 2ᵉ éd. abrógée. Paris 1842. 463 p.

93 *bis.* **Fjetterström, R.** [Bilder ur kristna kyrkans historia. Norrköping 1875. — 1890. p. 128-136.] (*lingua suecica*)

168 *bis.* **Winckelmann, O.** Politische Correspondenz der Stadt Strassburg im Zeitalter der Reformation. Strassb. II. 1887. III. 1898. *passim.*

172 *bis.* **Roset, M.** Les chroniques de Genève. *Ex Mss. ed.* Fazy. Gen. 1894.

188 *bis.* **Baird, H. M.** Theod. Beza. The counsellor of the french reformation. New-York, Lond. 1899.

188 *ter.* **Claparède, Th.** Les collaborateurs de C. à G. [Etrennes religieuses. Gen. 1889. p. 163-182.]

299 *bis.* Medaille auf den berühmten J. C. — Zwey Medaillen auf J. C. und H. Bullinger. *Eff.* [Sammlung merkwürdiger Medaillen. 1740. S. 265-272. 281-285. *4.*]

392 *bis.* **Müller, E. F. K.** Die calvinischen Kirchen. [Symbolik. Erl. 1896. S. 409-414 *et passim.*]

394 *bis.* **Bavinck, H.** Gereformeerde dogmatiek. Kampen I-III. 1895-1899.

410 *bis.* **Lang, A.** Der Evangelienkommentar Martin Butzers und die Grundzüge seiner Theologie. Leipzig 1900. S. 5-11. 370-373 *et passim.*

420 *bis.* **Duran, A.** Le mysticisme de C. d'après l'Institution chrétienne. *Diss.* Mont. 1900. 75 p.

486 *bis.* **Couve, B.** C. et la célébration de la Cène. [Le Christianisme au 19ᵉ s. Paris 1874. 3 col. p. 122. *fol.*]

496 *bis.* **Kuyper, A.** Het Calvinisme en de Kunst. Amst. 1888. .87 S. *4.*

496 *ter.* **Müntz, E.** Le protestantisme et l'art. [Rev. des revues. Paris 1900. p. 481-487. *4.*]

496 *quater.* **Doumergue, E.** C. et l'art. [La Foi et la Vie. Paris 1900. p. 85-88. *4.*]

Ad 511. Ad leges de famosis libellis et de calumniatoribus commentarius. Paris 1562. *4.* — Responsio altera ad J. Calvinum. Paris. 1562.

641 *bis.* C. et la légende du fer rouge. [La Foi et la Vie. Paris 1899. p. 4-7. *4.*]

641 *ter.* **Doumergue, E.** Une poignée de faux. La mort de C. et les Jésuites. Laus. 1900. 128 p. *16.*

735 *bis.* **Boeck, Ch. de** La question du prêt à intérêt et de sa légitimité. La doctrine de C. [La Foi et la Vie. Paris 1900. p. 257-269. *4.*]

770 *bis.* **Brunetière, F.** L'oeuvre littéraire de C. [Rev. des Deux Mondes. Paris 1900. *vol.* 161. p. 898-923.]

Ad 21. *Transl.* Geschiedenis der hervorming in de 16ᵉ eeuw. Rott. 1856-1861.

Ad 91. *Transl. suecica.* Hildebrand, Lifsbilder ur kyrkans historia. Stockh. 1876. p. 285-308.

Ad 115. *Rec.* Lobstein. Theol. Literaturzeitung. Leipz. 1900. S. 446-450.

Ad 116. *Ed.* 1686.

Ad 191. *Rec.* Virck. Theol. Literaturzeitung. Leipz. 1900. S. 242-245.

Ad 299. S. 257-264.

Ad 309. *Eff.*

Adde quoque catalogo operum Calvini has editiones:

1557

(Sermons sur les dix commandemens.) [Gen.] Badius. *8.*

1559

(Sermons sur les dix commandemens.) [Gen.] Est. Anastase. *8.*

1571

Transl. berriensis opusculorum: Forme des prières ecclesiastiques *et* Catéchisme. [Jesus Christ gure Jaunaren Testamentu Berria. Rochellan, Pierre Hautin.]

1900

Das Abendmahl des Herrn. Mit Einl. und Anm. von Rotscheidt. Elberf. Ref. Schriftenverein. *8 maior.*

---

511. *Lege:* 1564 (*loco* 1562).

681. *Lege:* W[eber] (*loco* W[abnitz]).

INDEX AUCTORUM ALPHABETICUS.

Asterisco distinguuntur nomina eorum qui in litteris Calvinianis maioris momenti sunt.

A.

Anonymi, 7. 34. 47. 48. 66. 68. 86. 106. 199. 224. 229. 301. 306. 307. 331. 371. 372. 473. 487. 508. 519. 529. 538. 539. 571. 572. 573. 581. 589. 593. 597. 610. 617. 618. 620. 622. 740. 771. 775. 777. 781. 791. 804. 809. 813. 814. 851. 858. 879.
Abbott, 399.
Abelous, 93.
Achelis, 663.
Adam, J. 564.
Adam, M. 29.
Aguesse, 258.

Aked, 403.
Albert, 758.
Allen, 240. 388.
Ammon, von 435.
Amyraldus, 561.
Ancillon, 569.
Andouin, 456.
Andrä, 871.
Anelli, 831.
Arnaud, 138. 357.
Arnauld, 579.
Artigny, d' 218.
Astié, 412.
Audemars, 431.
*Audin, 52. 52 bis (vide p. 147).

B.

B., 718.
Baens, 28.
Baird, 188 bis (vide p. 147).
Baius, 523.
Balavoine, 463.
Balduinus, 511.
Bancroft, 789.
Banks, 787.
Barckhusen, 590. 591.
Barker, 824.
Barni, 225.
Barthélemy, 627.
Basnage, 252.
Baudrillart, 733.
*Baum, 15. 98. 161. 187. 315. 319.
Baumgartner, 654.

Baur, 382. 383. 614.
Bavinck, 394 bis (vide p. 147).
Bayle, 31. 578.
Beck, 436.
B—EP., 55.
Beard, 825.
Belcarius, 525.
Bell, 632.
Bénézech, 425.
Benoist, 520. 520. 521.
Berger, 659.
Bergh, v. de 446.
Berton, 166.
Beudier, 582.
Beugnon, de 869.
Bez, 261.

* Bèze, 25. 26. 27. 250.
Biesterveld, 11. 692. 723.
Billet, 838.
Binard, 562.
Bindseil, 334.
Birch-Hirschfeld, 773.
Blache, 583.
Blackburn, W. B. 125. 126.
Blackburn, W. M. 23. 704.
Blavignac, 300.
Blondiaux, 461.
Blösch, 171.
Bluntschli, 729.
Boeck, de 735 bis (vide p. 148).
Boegner, 132. 462.
Boehmer, 356.
Bollow, 836.
* Bolsec, 530.
* Bonnet, J. 14. 127. 142. 143. 154. 245. 249. 291. 295. 303. 317. 327. 328. 660.

* Bonnet, L. 5. 130. 139. 140. 159. 189. 259. 321. 323. 699.
* Bordier, 99. 314. 629.
Borgeaud, 748.
Bornand, 728.
Bossuet, 584.
Bost, 424.
Böttiger, 54.
Bovet, 674.
Brandes, 209.
Braune, 88.
Bretschneider, 776.
Brieger, 533.
Brucker, 636. 637.
Bruins, 470.
Brunetière, 770 bis (vide p. 148).
Brunnemann, 227.
Büchsenschütz, 672.
Buisson, 246.
* Bungener, 73. 74. 801. 845. 847.

C.

C., 703.
Camerarius, 507.
Candidus, 501.
Cartier, 364. 365. 373.
Cellérier, 747.
Champendal, 693.
Chandieu, de 863.
Charpenne, 181.
* Choisy, 722.
Claparède, 188 ter (vide p. 147).
Clement, 325.
Cochelet, 551.
Cochlaeus, 498. 499. 500.
Colani, 329.

Colladon, 26.
Cologny, 203.
Comba, 147. 217.
Corbière, 471.
Cornaeus, 565.
* Cornelius, 155. 191. 192. 193. 194. 213.
Couard-Lys, 118.
Coulin, 843.
Courtesigny, de 304.
Coyffler, de 534.
Couve, 486 bis (vide p. 147).
Cramer, 423.
Crantzius a Fluvio, 594.
Crottet, 136.

Cruvellier, 691.
Culmann, 852.
* Cunitz, 15. 98. 319.

Cunningham, 381.
Cürten, 556.

D.

Dadre, 444.
Dalton, 134.
Damagnez, 742.
Damianus, 598.
* Dardier, 95. 145. 204. 234. 305. 631. 794.
Darteln, von 613.
Daubanton, 459.
Daulte, 475.
Desmay, 116.
Destrech, 488.
Devisme, 709.
Diehl, von 78.
Diehl, W. 696.
Diestel, 652.
Diethoff, 293.
Dilthey, 392. 833.
Doinel, 129.
Donzé, 483.

Dorner, 385. 394.
Douen, 661. 675.
* Doumergue, 115. 137. 156. 158. 241. 496 *quater* (*vide p. 148*). 641 *ter* (*vide p. 148*). 662. 677. 726.
Doy, 668.
Drascowich, 502.
Drelincourt, 568.
Drews, 701.
Drummond, 221.
Dufour, 354.
Dumoulin, 554.
Dunant, 248.
Duran, 420 *bis* (*vide p. 147*).
Durand, 342.
Duval, 510.
Dyer, 60.

E.

E. B., 609.
Ebeling, 720.
Eberhardt, 408.
Ebrard, 384. 479. 853.
Echegaray, 880.
Eigeman, 100.
Elster, 732.

Eltester, 222.
Elys, 575.
Emar de Vieuxpon, 552.
Engelhardt, von 821.
Erichson, 163. 669. 670. 671.
Escher, 656.

F.

Faguet, 767.
Farrar, 648. 649.
Farsat, 472.

Faure, 433.
Favre, 712.
* Fazy, 206. 208. 215.

Félice, de 253. 848.
Fjetterström, 93 *bis* (*vide p. 147*).
Feuardent, 543. 549.
Fisher, 800.
Flach, 780.
Flamand, 684.
Fleury, 619.
Florimond de Raemond, 251.
Foltz, 432.
Fontana, 148. 149.

Fontanès, 397. 439.
Forestier, 653.
Forget, 369.
Franc, 413.
Franklin, 805.
Fritzsche, 854.
Fröhlich, 865.
Fronteau, 566.
Froude, 623.
Funk, 102.
Füsslin, 596.
F. V., 201.

G.

* Gaberel, J. 180. 283. 284. 285. 782. 818. 846.
Gaberel, S. 297.
Gadsby, 606.
Galeo, 595.
* Galiffe, J. A. 174. 282.
* Galiffe, J. B. G. 211. 214. 628. 630.
Galli, 207.
Gaufrès, 657. 792. 793.
Gaullieur, 176.
Gauthiez, 766.
Gautier, E. 360. 464.
Gautier, J. A. 172.
Gass, 377. 492.
Geer, de 779.
Gelzer, 783.
Gengell, 588.
Gerdesius, 324.
Gérusez, 750—753.

Geyser, 4.
Gidel, 769.
Ginolhac, 455.
Göbel, 786.
Godefroy, 761.
Godet, 765.
Goguel, 75. 685. 849.
Gonin, 695.
Gooszen, 359. 417. 420. 490.
Gosse, 308.
Gotch, 644.
Govett, 447.
Groen van Prinsterer, 274.
Grosclaude, 476.
Grosse, 772.
Guizot, 44. 89.
Gunning, 416.

H.

* Haag, Em. 61.
* Haag, Eug. 51. 61. 326.
Haar, 24.
Haase, 774.

Hagenbach, 16.
Hamann, 875.
Hardeland, 698.
Hargues, d' 862.

Harris, 448.
Hase, 18.
Hausrath, 289.
Häusser, 815.
Heilbrunner, 540.
*Heiz, 198. 666. 715. 735. 743.
Henchoz, 441.
*Henry, 2. 50. 58. 62. 313.
Heppe, 380. 396.
Hergang, 264.
Hering, 683.
Hermann, 873.
*Herminjard, 13.
Herrick, 827.
Hervet, 524.

*Herzog, 17. 56. 63. 97. 421. 840.
Hesse, 874.
Heyer, 296.
Himmelius, 559.
Hodge, 400.
Hoff, 96.
Hoffmann, 32.
Hofstede de Grote, 230.
Holzhausen, 376.
Hoog, 278.
Horautius, 522.
Huber, 586.
Huet, 778.
Hundeshagen, 247. 707. 725.
Hunnius, 542.

J.

Jancsó, 112.
Janet, 734.
Jaujard, 205.
Johnson, 837.
Jonker, 705.

Joubert, 64.
Joung, 624.
Jullien, 177.
Jundt, 401.
Jurieu, 580.

K.

Kahnis, 480.
*Kampschulte, 87.
Kattenbusch, 819.
Kawerau, 19.
Keizer, 12.
Keller, 428.
Kellison, 553.
Kenninck, 640.
Kinzel, 442.
Kissel, 457.
Klemme, 79.
Klinkepberg, 828.
Köcher, 351.

Köhler, J. D. 299.
Köhler, Th. 820.
Kolfhaus, 749. 835.
König, 870.
Köstlin, 337.
Krauss, 688. 806.
Kreyher, 440
Krücke, 270. 349.
Kruijswijk, 107.
Krummacher, E. W. 437. 802.
Krummacher, H. 124. 228. 262. 802.

*Kuyper, A. 343. 406. 469. 496 *bis* (*vide p. 148*).
Kuyper, K. H. 744.
Kwiatkicwicz, 574.

L.

Laan, 826.
Labes, 410.
Lacroix, 868.
Lafon, 667.
*Lang, 135. 269. 272. 287. 320. 410 *bis* (*vide p. 147*). 834.
Lange, 738.
Langereau, 489.
Langhans, 103.
Lanphear, 633.
Lanson, 347. 768.
Lawrence, 458.
Lawson, 105.
Lecerf, 449.
*Lecoultre, 133. 150. 151. 322.
*Lefranc, 109. 120. 121.
Lemoyne, 626.
Lenient, 760.
Lenoir, 292.
Lerminier, 395.
Less, 550.
Levasseur, 117.
Libius, 370.
Lindanus, 509.
Linde, von de 239. 341.
Listov, 795.
*Lobstein, 495.
Loofs, 391.
Loomann, 859.
Lorenz, 298. 309.
Lundström, 281.
Luthardt, 494.
Lutteroth, 257.
Lys, 711.

M.

Mac Crie, 123.
Mackenzie, 40.
Magnin, J. P. 237.
Magnin, C. M. 179.
Mähly, 244.
Maier, 235.
Mailhet, 474.
Maimbourg, 577.
Manssen, 592.
Marcks, 832.
Marron, 42.
Martin, Ern. 414. 415.
Martin, G. A. 702.
Martin, J. 478.
Martin, P. 700.
Masson, 547.
Massot, 460.
Masuccius, 576.
Mauduict, 570.
Meister, 38.
Menthonnex, 422.
*Merle d'Aubigné, 20. 21. 724. 803. 841.
Merlet, 759.
Merz, 601. 602.
Mesnier, 599.
Messner, 877.
Meyer, 642.
Meyer von Knonau, 45.
Michell, 676.
Middleton, 35.
Mignet, 182. 260.

Möller, 19.
Mönckeberg, 485.
Monnier, 355. 762.
Monod, 344.
Montijn, 275.
Monvert, 829.
Moore, Dunlop 426. 641.
Morel, 746.
Mörikofer, 183.

Morus, 563.
Moses, 266
Müller, E. F. K. 392 *bis* (*vide p. 147*).
Müller, J. 465. 482. 484.
Müller, P. J. 429. 430.
Müntz, 496 *ter* (*vide p. 148*).

N.

N., 680.
Nagy, 405.
Nazelle, 496.
Neijningen, 49.
Nhs., 867.
Nichols, 411.

Nicolaus, 546.
Nied, 80.
Nielsen, 114.
Nieter, 486.
Nisard, 755.

O.

Oehler, 386.
Ollier, 290.

Oltramare, 842.

P.

Pannier, 466.
Pareus, 544.
Paulus, 730.
Pasquet, 689.
Pastor, 265.
P. B., 131. 335. 807. 808.
Perrot, 839.
Petit de Julleville, 770.
Philippson, 823.
* Pierson, 195. 196. 197. 263. 339. 647.
Pighius, 497.

Pijper, 277.
Pisanus, 536.
Planck, 374.
Polenz, von 255.
Ponterie, de la 616.
Pope, 387.
Porozowski, 110.
Possevinus, 535.
Pressel, 81.
Proosdij, van 188. 727.
Puaux, 70. 82. 256. 280.

R.

Radford, 104.
Rambert, 330. 756.

Rapin, 682.
Reaume, 757.

Reginaldus, 544.
Renan, 790.
*Reuss, Ed. 15. 98. 319. 645. 658.
Reuss, R. 162.
Révész, 83.
Réville, 615.
Reyn, de 587.
Rhijn, van 860.
Richard, 651. 655.
Richelieu, de 567.
Richter, 706.
Riederer, 352.
Rieker, 708.
Rietschel, 664.
Riggenbach, 294.
*Rilliet, 144. 190. 219. 336. 353.
Ring, 872.
Ritschl, 407. 427. 453. 467.
Ritter, 210.
Rivetus, 558. 560.

Robbins, 57.
Roby, 604.
Rodocanachi, 157.
Roehrich, L. 864.
Röhrich, T. W. 160.
*Roget, A. 90. 178. 185. 186. 279. 288.
Roget, F. F. 719.
Rogge, 362.
Rognon, L. 333.
Rognon, P. 714.
Romaeus, 557.
Roser, 697.
Roset, 172 bis (vide p. 147).
Rossel, 763. 764.
Rossignol, 71.
Rotermund, 43.
Rougemont, de 340.
Ruchat, 169.
Ruseler, 878.
Rutgers, 276. 363.
Rutty, 212.

S.

S., 226.
Sabatier, 318. 635. 638. 639.
Sacy, de 621.
Sainctes, de 526—528.
Sainte Marthe, de 585.
Saisset, 220.
Sandonnini, 152. 153.
Sayn, 236.
Sayous, 754.
*Schaff, 3. 111. 243. 273. 286. 389. 404. 419. 650. 796. 816.
Schäfer, 53.
*Scheibe, 445.
Schelcher, 146.
Scheler, 46.

Schellenberg, 811.
Schenck, 741.
Schenkel, 65. 375.
Schlüsselburg, 541.
Schmid, H. 481.
Schmid, K. A. 737.
*Schmidt, C. 164. 366.
Schmidt, C. E. 694.
Schmidt, K. 736.
Schneckenburger, 379.
Schöppner, 798.
Schot, 361.
Schott, 8.
Schulting, 548.
Schwalb, 409.
Schwartz, 785. 861.
Schweizer, 378. 452. 491.

Scott, 22.
Sebesta, 679.
Seeberg, 393. 468.
Selneccer, 537.
* Senebier, 1. 36. 311.
Sepp, 338.
Sergy, de 223.
Serre, 608.
Shields, 242. 451.
Sigwart, 72.
Sirven, 797.
Smith, 67.
Smyth, E. 603. 605.

Smyth, R. 514—518.
Smyth, Th. 611. 612.
Soldan, 254.
Spon, 173.
* Stähelin, R. 9. 113.
* Stähelin, E. 76. 141. 271.
Steeg, 184.
Stern, 665.
Stöber, 855. 866.
Strack, 77.
Straub, 713.
Stricker, 167.

T.

Tagart, 784.
Talepied, 532.
Talma, 434.
Teissier, 30.
Teissier du Cros, 367.
Thelemann, 84. 443. 625. 745. 856.
Tholuck, 643.
Thomas, 332.
Thomasius, 390.

Thomson, 810.
Thourel, 175.
Tiffany, 817.
Tischer, 37.
Tissot, 717.
Tollin, 108. 231. 232.
Tournier, 844.
Trechsel, 202. 830.
Triqueti, de 302.
Tulloch, 799.

U.

Uhse, 33.

Usteri, 477.

V.

Valès, 438.
Vaucher, 822.
Vega, de 555.
Vesson, 646.
Vetter, 267.
Vèzes, 850.
Vidal, 398.
Vielles, 348. 368.
Viguet, 450. 812.

Viguié, 165. 673. 686. 687.
Villegaignon, 512. 513.
Violet, 168.
Vollet, 402.
Vorstius, 600.
Vuarin, 607.
Vuillemier, 358.
Vulliemin, 170.
Vuy, 216.

W.

Wagenmann, 316. 739.
Wagner, 39.
Waldmann, 876.
Wangemann, 418.
Warfield, 350.
Waterman, 41.
Watier, 690.
Weber, A. 681.
Weber, F. 710.
Weber, G. 716.
*Weiss, 10. 119. 128. 310. 345. 346. 634.
Werdt, von 238.
Werner, 91.

Westermeier, 59.
Westphal, 503—506.
Whately, 85.
Wight, 788.
Wilkens, 857.
Willis, 233.
Winckelmann, 168 *bis* (*vide p. 147*).
Wipper, 721.
Wiskemann, 731.
W. L. A., 94.
Würkert, 69.
Wylie, 92.

Z.

Zahn, 6. 200. 268. 678.
Ziegenbein, 312.
Ziegler, 493.

Zijnen, Sibmacher 454.
Zöpffel, 101.

ORDO CATALOGI SYSTEMATICI.

CATALOGI LIBRORUM DE CALVINO EDITORUM. RECENSIONES 71

COLLECTIONES EPISTOLARES. HISTORIAE ECCLESIASTICAE 72

SCRIPTA VITAM CALVINI GENERALITER ILLUSTRANTIA 74

SCRIPTA QUAE AD SINGULAS VITAE CALVINI PARTES PERTINENT.

    ADOLESCENTIA. CONVERSIO 82
    ITINERA 84
    COMMORATIO ARGENTINENSIS 86
    RES GENEVAE GESTAE 86
    NEGOTIA EXTERNA 94
    VITA PRIVATA 96
    EFFIGIES 98

CATALOGI OPERUM CALVINIANORUM. COMMENTARII IN SINGULA OPERA 99

SCRIPTA QUAE CALVINI DOCTRINAM EXPONUNT.

    GENERALIA 104
    SPECIALIA 108
        DE SCRIPTURA SACRA 108
        DE DEO, CHRISTO, HOMINE 108
        DE PRAEDESTINATIONE 109
        DE REDEMPTIONE, SALUTE, FIDE 111
        DE ECCLESIA 112
        DE SACRAMENTIS 113
        QUAESTIONES ETHICAE 114

SCRIPTA POLEMICA, APOLOGETICA.

    SAEC. XVI 115
    SAEC. XVII 119
    SAEC. XVIII 123
    SAEC. XIX 124

SCRIPTA QUAE DE CALVINI MUNERIBUS ECCLESIASTICIS ET PUBLICIS HABENTUR.

CALVINUS INTERPRES ET TRANSLATOR BIBLIORUM . . . 127
CALVINUS REFORMATOR CULTUS 129
CALVINUS ORATOR 130
CALVINUS CATECHISTA 131
CALVINUS RERUM ECCLESIASTICARUM ET CIVILIUM CURATOR ET RECTOR 132
CALVINUS SCHOLARCHA 135

SCRIPTA DE CALVINO SCRIPTORE GALLICO. 136

OPUSCULA VARIA IN QUIBUS CALVINI VITA, INGENIUM ET DOCTRINA AESTIMANTUR . 139

ORATIONES, CARMINA, FABULAE QUAE DE CALVINO AGUNT 143

www.ingramcontent.com/pod-product-compliance
Lightning Source LLC
Chambersburg PA
CBHW071430160426
43195CB00013B/1862